ママはキミと一緒にオトナになる

佐藤友美
Satoyumi

はじめに

「僕には、僕の気持ちというのがあるから、ママはそれを大切にしてほしい」
　息子がそう言ったのは六歳のときだった。

　実家に帰ったときのことだ。みんなで温泉に行こうと盛り上がっていたら、息子が突然「僕は行かないことにしようと思う」と言い出した。「いや、行かないことにするとかじゃないから。もう決まったことだから。キミ、一人でお留守番できないでしょ」と無理やり車に搭載したのだけれど、私が準備をしている間に、脱走した。仕方なく私も家に残ることにしたのだけれど、この時、彼が言ったのが、冒頭の言葉だった。ん？　僕の気持ち？　そう言われてハッとする。ああ、そうか。キミの気持ちか。ごめん。たしかに全然考えていなかった。

　彼は、大人の都合で発する言葉にとても敏感だった。「そういうことになっている」と説き伏せようとすると「どうしてなの？」

「誰が決めたの?」と何度も尋ねてくる。私を困らせようとしているのではない。本当に不思議なのだろう。「じゃあ、僕は、大人になるまで自分の意見を聞いてもらえないの?」

そして、その問いにちゃんと答えようとすると言葉につまってしまうのは、いつも私の方だった。あれ? どうしてだっけ?

彼に出会うまで、子育てとは、「教え育てるもの」だと思っていた。でも、なんか、思っていたのとは違うっぽい。違うっぽいけど、思っていたよりもずっと楽しい気がする。

「子育てについて書いてみませんか?」と声をかけてもらったとき、私が彼に教えたことのほうを書くのではなく、そのときどきで彼と一緒に考えたことや、彼から教わったことを書いてみたいと思った。この人と出会ってから見えるようになった、新しい景色のことを書いてみたいと思います。

ママはキミと一緒にオトナになる

目次

Contents

四年生のキミとママ　97

五年生のキミとママ　199

装画　中田いくみ

三年生のキミとママ

2020.10～2021.03

「僕の気持ちを勝手に決めないで」とキミは言う

久しぶりにうちに来た義父が、息子氏（九歳）に
「今年は、さんざんだったなー」
と声をかけていた。
あれはもうすぐ夏休みも終わろうとしていた日のこと。おじいちゃんの家に行きたいと言った息子は、バッグにｉＰａｄやら任天堂スイッチやらをつめ込んで、お泊まりの準備をしていた。
「コロナのせいで花火もなかったし、夏祭りもないし、盆踊りもできなかっただろう？　友達にもなかなか会えなくて、つまらない夏休みだったよな」
義父が、そう続ける。それまでもくもくと準備をしていた息子は、その手をとめ
「いや、そんなことは、ない」

と、やけにきっぱりした声で答えた。

「僕、毎日フォトナでクラスの友達に会ってるし。一緒に楽しく遊んでいるし、全然つまらなくなかった。僕の夏休みを、勝手につまらないって決めないで」

彼の言うフォトナというのは、フォートナイトというゲームのことだ。オンライン上で友人同士が集まり、パーティを組んで、敵を倒したり、協力して建築物を建てたりしているらしい。

義父の言葉に怒っているふうでもなく、淡々と「フォトナのある夏休みの魅力」について説明する息子が面白くて、私はちょっと笑ってしまう。

保育園に通っているときから、そうだった。彼は、大人の価値観を押しつけられることを、すごく嫌う。

「ママはそう思ったかもしれないけれど、僕はそうは思わないんだ」

「僕の意見も聞いてから、決めてほしい」

「それは、ママがやりたいことであって、僕のやりたいこととは違う」

誰に似たのか、彼は、自分の好き嫌いをきっぱり伝えてくる。

たとえば、彼と一緒にどこかに行きたいと思ったら彼を説得しなきゃいけないし、これから行く場所の面白さをプレゼンしないと、ついてきてくれない。ときどきめんどくさいなーと思いながらも、そんな彼のことを、ちょっと頼もしく思っている。子育てに余裕がなかったころは大変だったけれど、いまは、おじいちゃんに冷静に反撃している息子を、面白い子だなあと思って見ている。

私は、彼が、すごく好きだ。

さっき、誰に似たのか……としれっと書いたけれど、痛いほど私だ。

そういえば、私も小さいころから、大人の言うことは、ずいぶん理不尽だし根拠も乏しいと思っていた。

たとえば木で作られた家を見ると「ぬくもりがあっていいですね」と、大人は言う。だけど、木で作られていることと、ぬくもりとは無関係だと思った。暑い夏の日に、木の建物に触れると、ちゃんとひんやりしている。コンクリートの打放しのほうがよっぽど熱い。

「今日はいい天気でよかったね」という言葉にも違和感があった。その人にとっては晴れがいい天気かもしれないけれど、雨が降ったほうが嬉しい人もいる。勝手に「いい天気」の尺度を決めるのはどうなんだろうと思った。

そう感じたことを口に出したら、その場にいる大人たちは、いつもちょっと困ったような顔をして笑う。めんどくさい子だなあーと思っているのが、手にとるようにわかった。

でも、ときどき、私の言葉を面白がってくれる人もいた。


私の祖父は宮大工で、「うん、ゆみは面白いことを言うなあ。木をことさらありがたがるのは、現代人のエゴかもしれないなあ」と言ってくれた。まだ、「エゴ」なんて言葉の意味もわからない年齢だったけれど、自分が発した言葉が、新しい概念を連れてきた。その感覚だけは理解できて、嬉しかった。

田んぼ仕事をしていた祖母は、「おばあちゃんは、ゆみちゃんの言うこと、よくわかるよ。雨が降らないと、お米が育たないからねえ」と言ってくれた。やっぱり、「そっちサイド」の人もいるんだなと思って、それもやっぱり嬉しかった。


自分の意見に頷いてくれたときだけではなく、全然思いつきもしなかった正反対の考え方を教えてくれる大人に出会ったときは、もっと嬉しかった。

スルーする大人、反論してくる大人、ちゃんと聞いてくれる大人、自分の意見を伝えてくれる大人。いろんな大人と出会って、私は、世の中をまっすぐ見たり、上から見たり、裏返して見たりすることを学んだ。完全に対立するように見える意見が、実は同じような願いからスタートしていることがあることも、このころに知った。

いま、私は、自分が感じるちょっとした気づきや違和感を文章にし、それを仕事にしている。

それはきっと、あのころ、私のめんどくさい言葉を、ちゃんと受け止めてくれる大人がいたり、あからさまにスルーしたりする大人がいてくれたからかもしれないな、と思う。

義父は
「そうかそうか。ちゃんと、楽しい夏休みだったんだなー。それは良かった」
と、笑っている。彼のほうは
「ところで、盆踊りって何？」
なんて、おじいちゃんに聞いている。義父は、盆踊りについて身振り手振りで説明をしている。
彼らは五十歳以上、歳が離れている。でも、お互いの知らないことをお互いに伝え合おうとしているところが、なんかいいな、と思った。
世界がみんな、こんなふうだといいな、と思った。

「また来ますね」とキミは言う

子どもは親の言葉をよく聞いている。

帰省を兼ねて、久しぶりに北海道に戻ったときのことだ。彼は、小樽の北一硝子のショップに寄りたいという。

「ママが割っちゃった、僕のコップ。同じのをまた買ってほしい」

と話す。

お目当てのグラスは、二個で二六〇〇円だった。だけど、その一方で、ものすごく気に入ったグラスがあったようだ。深いブルーの切子のグラス。予算はずいぶんオーバーしている。

彼は、そのグラスを手にとったり、元に戻したり、でもまた手にとって光にかざしたりしている。

「気に入った？」

と聞くと
「うん、すごくきれい」
と言う。
「でも、高いねー」
と私が言うと
「そうなんだよね」
と、値札を見る。

私は私で、やはりとても惹かれる切子を見つけた。こちらは、さらに値が張る。

「ママは、それが気に入ったの？」

「うん。でもやっぱり、高い」

後ろ髪引かれながら、グラスを棚に戻そうとしたとき、息子が言った。

「ママ、それ、買えばいいよ！」

彼は続ける。

「高いかもしれないけどさ、毎日、それを使うたびに嬉しい気持ちになれるんだよ。それに、好きなものだと、大事にするでしょ。だから、買ったほうがいいと思う」


その言葉を聞いて、思わず、笑ってしまった。私が、ちょっと背伸びしたお洋服を買うときに、自分に言い聞かせる言葉と全く同じだったからだ。

あるいは私、どこかでそれを口に出したのだろうか。出したのかもしれない。それで、その口ぶりをそのまま真似したのかもしれない。

なんだか、楽しい気持ちになってきた。

「うん、たしかに、そうだね。ママもキミの意見に賛成」

そう伝えると、彼の顔は、ぱーっと輝いた。


私たちは仲良く、それぞれが気に入ったグラスをひとつずつ買って帰った。

飛行機の中でも割れないようにと、包装された箱を大事に抱えながら寝る息子を見て、いい買い物をしたなと思った。

いま、私たちは毎日、そのグラスに牛乳を注いでぐびぐび飲んでいる。そして、大事に大事に、そーっと洗っている。

＊

言葉を真似するということは、思考をトレースすることと同義だな、と思う。私がよく使う言葉を、彼が使っているのを聞くと、そう感じる。

先日、あるお寿司屋さんに二人で入った。初めての緊急事態宣言が解除されて間もないころだったと思う。ランチはリーズナブルだから、と友人に教えてもらったそのお寿司屋さんは、気の毒なぐらいガラガラだった。

広いカウンターには、私と息子と、あと、向こうのほうに常連らしきおじいちゃんが一人だけ。客よりも板前さんの数のほうが多い。夜の仕込みだろうか。目の前では若い板さんがずっと大根の桂むきをしていた。

「どうやって注文するの？」

と、彼は小さな声で聞いてくる。回らない寿司は初めての経験だ。

ひっそりとした店内でいただいたお寿司は、とてもおいしかった。彼はサーモンをおかわりしたいと言い、何度か追加注文をした。

お腹もいっぱいになり、お会計をすませようと財布を出したときのこと。息子が、突然、カウンターの向こうにいる大将に話しかけた。

「あの……。とてもおいしかったです。とくに、サーモンがおいしかったです」

それまで、常連のお客さんと、コロナ不景気について小さな声で話をしていた大将の顔が、ぱっと明るくなり、そして少しの間があったあと、くしゃっと歪んだ。

「ありがとうございます！」

大将の言葉が店に響いた。

「また、来ますね」

彼は、ペコリと頭を下げ、椅子から降りようとする。

お寿司屋さんのカウンター席は、彼の身長にはまだ高い。私が手を貸すと、そこに体重をかけて、とん、と着地する。

「ありがとうございます。また、お待ちしています」

大将は、深々と頭を下げていた。

お店を出た彼は、

「ママ、ほんとうに、また来ようね」

と、私に言う。

「そうだね。さっき、お店の人、嬉しそうだったね」

と言うと、

「うん。ママ、レストランから帰るとき、よくお店の人にああやって話すでしょ。おいしいと思った料理のことと、また来ますってこと」

と、彼は言う。

「僕もね、今日、本当においしいなって思ったから、言ってみたくなったの」

大将に負けず劣らず、彼も嬉しそうだった。その嬉しそうな顔を見て、私も幸せな気持ちになる。

子どもは、親の言葉を驚くほどよく聞いている。

そして多分、その言葉の裏側にある、気持ちや思考もきっと、私たち大人が思う以上に受けとっているのだと思う。

「うん、ほんとうに、また来よう」

そう約束して、家路に着いた。


いい日だった。

「キミを守る」と誓ったけれど

今年の春、離婚をした。

話し合い自体は昨年の夏から続いており、その間、息子氏はずっと「僕は、なにがあっても、家族三人で暮らしたい」と言っていた。

双方の離婚届の判が出そろった最後の夜には「もしどうしても離婚するなら、僕はパパについていく」とも言った。


私が息子を手放すくらいなら、離婚を諦めると考えたのだろう。「親権」という言葉も知らない年端の彼に、そんな駆け引きをさせてしまったことを、本当に申し訳なく思う。

パパとママは一緒に暮らせないこと。

でも、一緒に暮らせないだけで、パパのことはとても大事に思っているということ。

パパはずっとキミのパパだから好きなときに会っていいということ。

そして、ママは、キミと一緒に暮らしたいということを、伝えた。


私たちの気持ちが変わることはもうない、と察したのだろう。最後は小さな声で、わかったと頷いてくれた。

「僕、ママと一緒に暮らす」

そう言って、彼はそのまま寝室に閉じこもり、布団をかぶった。

＊

父親が出て行った家は、二人暮らしをするには広い。引越しも考えた。母が暮らす北海道の実家に戻る選択も、頭をかすめた。

でも、息子が「転校だけは絶対にしたくない」と言ったので、この場所を維持していこうと決めた。

結果私たちは、いまも離婚前と同じ場所に住んでいる。

もともと彼の父親は仕事が忙しい人だったので、私たちは二人で過ごす時間が長かった。だから、離婚をしてからも、一見、それほど大きな変化はないように見えた。

コロナで学校が休校になったことや、友達とサッカーができなくなったことなど、今年はイレギュラーな出来事が多かったせいもあるだろう。

平日は私と一緒に過ごし、週末はパパの家に行く。そんな新しい生活に、彼は自然と慣れていったように見えた。

子どもの順応性ってすごい。

私はほっとしたような、でも我ながら本当に身勝手すぎるのだけれど、ほんの少しだけ淋しい気持ちにもなった。

あれ？　と思ったのは、離婚後二カ月くらいたったころだろうか。

買い物からの帰り道、彼がすっと私の手を握ってくることがあって、それに驚いたのだ。

彼が、「友達と会ったら恥ずかしいから」と言って、私の手を払うようになったのは、小学二年生のときだった。

同時に、学校に行く前と帰ってきたときに欠かさずしていたハグも、やめてほしいと言うようになった。

「どうして？　家だったら、誰も見ていないからいいじゃん」

と言った私に
「うん。でも僕自身が恥ずかしいから、もうやめてほしいんだ」

と、答える。

私がちょっと傷ついたような顔をしたからだろう。彼は、神妙な表情で、こう付け足した。

「だからといって、僕がママのことを嫌いになったとか、そういうことじゃないから心配しないで。それとこれとは別だから」

私は、「そうか。わかった」と言うほかなかった。それが、一年ほど前のことだ。だから、彼が久しぶりに私の手を握ってきたことに驚いたのだ。私たちは、手をつないだまま、ほんの数分、スーパーから家までの道を歩いた。

数日後、私はためしに、学校から帰ってきた彼をハグしてみた。前はあんなに嫌がっていたのに、そのとき彼は、すっぽりと私の腕の中におさまった。

そういえば、別の部屋で寝ていたはずの彼が、朝方、私のベッドにもぐり込んでくることもある。いずれも、離婚後の小さな変化だった。

新しい生活にすんなり慣れたように思っていたけれど、彼は彼なりに、淋しい思いをしているのかもしれない。いや、当然だ。大好きなパパと離れて暮らさなきゃいけなくなったのは、大人側の都合だ。

私は、心の中で、頭を下げる。

先日、久しぶりに、歳上の友人に会った。息子が小さいころから、何度も会ってくれていた友人だった。

私は彼女に離婚を報告し、そして、彼に起こった変化について話した。

「きっと、淋しいんだろうなあ。だから私に甘えてくるんだろうね」

と、私が言うと、彼女は

「いや、それ、逆だと思う」

と、言う。

「え？」

と、聞くと

「ママが淋しくないように、そうしてくれてるんだよ、きっと」

と彼女は言った。

あ――――。そうか。そうだったのか。そうかもしれない。

そういえば、
「行ってらっしゃい。気をつけてね」
とハグをすると、彼は必ず
「ママも、お仕事頑張ってね」
と言って、その両腕に力を込めてくれる。布団にもぐり込んでくるときは必ず
「ママ、よく眠れた?」
と、聞いてくれる。私は昔から持病があるのだけれど、私がその痛みに耐えているときは
「あたためたほうがいい?　冷たいほうがいい?」
と、救急箱をあさってくれるようになった。それだけじゃない。あれほど苦手だった虫が家に入ってきたときも、今は
「僕が外に逃してあげるから、ママはお部屋に隠れていなよ」
と言ってくれる。

離婚したとき、私は誓った。
シングルマザーになったのだから。
これからは、何があっても、私が、この子を守っていく。
そう、誓ったんだ。

でも。

そう思っていた存在に、私のほうが、守られている。
この小さくてあたたかい手が、私に差し伸べられるたびに、私は、いつも彼から勇気をもらっている。

先日、息子に
「いろいろあるけどさ、二人で仲良く暮らしていこうね」
と、伝えた。彼は最初きょとんとした顔をして、そのあと笑った。
「うん。そりゃ、そうだよ」

この笑顔にも、私は守られている。

あたたかい手が、いっぱいあった

毎年ハロウィンがくるたびに、思い出すことがある。

あれは、二〇一四年のハロウィンだった。ということは、当時、息子氏は三歳半だったか。


その日、私はめずらしく、落ち込んでいた。

私は仕事大好き人間なので、基本的に、働いていてキツイとか辛いとか感じることは、あまりない。性格が楽観的なことも、あると思う。

でも、そんな私であっても、年に一回くらいは、ショックを受けたり、しばらく立ち直れなかったりすることがある。

その日はまさに、その「年に一回」のタイミングだった。思わず「嘘でしょ?」と、口から出てしまうくらいのトラブルに巻き込まれ、数日間、その敗戦処理に追われていた。

そんな最悪なときに、最悪なことに、ハロウィンがあったんです。

この日、私は保育園の延長保育で、遅くまで息子を預かってもらっていた。ただ、迎えに行った時間はいつもと同じだったのに、その日はいつもと様子が違った。お友達のほとんどがハロウィンパーティにくり出したのだという。

保育園にぽつんと残された息子は、

「ねえ、ママ、みんなハロウィンの遊びに行っちゃったよー」

と報告してきた。私の顔を見上げた彼は、

「ひとりぼっちだったの」

と言った。

傷口に粗塩……。それでなくとも仕事で弱った心に、その言葉は、刺さった。

当時、私は、保育園に一人もママ友がいなかった。

送り迎えのときに簡単なあいさつはするけれど、朝はお互い慌ただしいし、夜は夜で私のお迎えが遅いから、他のママとあまり鉢合わせない。土日は出張が多いので、おうちにお呼ばれすることもない。入園から三年近く経つのに、保育園以外の場所でママたちと会ったことは一度もなかった。

「息子氏、本当にごめんね。今日のパーティのこと、ママ、すっかり忘れてた」

とあやまると、彼は
「うん。でも、もういいよ。おうちかえろ」

と、にっこり笑う。ガラにもなく泣きたくなる気持ちをおさえ込んで、彼を電動自転車のチャイルドシートに乗せる。

誰のＬＩＮＥも知らないママでごめん。

みんなと合流しようにも合流できないママでごめん。


「ママは夜ごはん、もう食べたの？」

と聞く彼に、私はもう一度あやまる。

「ねえ、息子氏。さらに、ごめん。まだおうちに帰れないんだ。ママ、お打ち合わせした美容院に、忘れ物したの。一緒にとりに行っていい？」

今日はもう、さんざんだ。

「うん、いいよー。まっくらドライブだねー」

と、彼は屈託のない声で答える。

自転車にまたがると、風が冷たい。それはそうだ。十月末の夜八時なのだ。

ふだんはそんなこと考えもしないのだけれど、さすがに、この日は、「私、何のために仕事してるんだっけ……」と、思った。

「忘れ物、今からとりに行ってもいいですか？」

と、美容院に電話をかけ、今日、朝イチで打ち合わせをした場所まで自転車で戻った。すっかり冷たくなった三歳児の手を引いて、入り口までの階段をのぼる……と!!

え??

えーっ？？？？

突然、色鮮やかな風景が、私たちの目の前に広がった。仮装をした美容師さんたちが

「ハッピーハロウィン！」

と、私たちを出迎えてくれたのだ。

聞けば今日はハロウィン営業ということで、全員、仮装して接客をしていたそうだ。美容業に携わる人たちの仮装は、本気度が半端ない。ディズニーランドレベルの仮装を見た息子は、めちゃくちゃ喜んで、テンションが最高潮にあがっていた。

そんな彼に、スタッフの方々がかわるがわる、声をかけてくれる。

「ハロウィンのお菓子、持っていく？」

と聞く美容師さんに
「やったー！」
と喜ぶ、息子。綺麗なお姉さんにだっこされて、にっこにこである。

その様子を見ていたら、スタッフさんの一人が、私に声をかけてくれた。

「私、ゆみさんが、お腹が大きいときにお見かけしたことがあるんです。あのときの赤ちゃんが、もう、こんなに大きくなったんですねー」


そうだった。

私は、妊娠中、この美容院に何度も取材に来ていた。出産後も、ベビーカーに子どもを乗せて、よく打ち合わせに来ていた。

「打ち合わせに、お子さんを連れて来てもらっていいですよ」

と言ってくださったのは、ここの美容院に勤める最年長の女性美容師さんだ。子どもを生んでからも、第一線で活躍している方だった。

彼女は、私の取材に対して、何度も
「後輩たちに道を作りたいんです」

と、話してくれていた。

それまで、東京の激戦区の美容院には、子どもを生んだら現場復帰しにくい空気があった。

「古い美容業界の働き方を変えたい」

「もっと女性が働きやすい業界にしたい」

と、奮闘する彼女の言葉に背中を押してもらったのは、あとに続く女性美容師さんたちだけではない。

あのとき、お腹が大きかった私も、赤子を抱えて打ち合わせに来ていた私も。彼女の言葉に何度も励まされていた。

その彼女の後輩にあたる女性美容師さんが、私の顔を見て言う。

「ゆみさんみたいなママが、美容業界で楽しそうに働いているのを見ていると、勇気をもらえます。私も、子どもができてもバリバリ働きたいと思っているんです」

そして、彼女は、息子の頭を優しくなでてくれた。

「ねー。ママ、すごくかっこいいよねー」

と、彼に話しかける。

やばい。今度こそ、泣く。泣いてしまう。

家に帰る道すがら、息子は

「ハロウィンパーティ、楽しかったね〜。かっこいいお姉さんと、かわいいお姉さんと、ヘンな格好したお兄さんがいたねえ」
と、終始きゃっきゃしていた。

次の日の朝も
「昨日は楽しかったねえ。僕、ハロウィンパーティに行ったよねえ」
と、ずっと話していた。
嬉しくてたまらないといった息子の顔を見ながら、私は、私ができることを、しよう。そう、思ったことを、いまでも覚えている。

保育園にママ友はいなかったけれど。
私たちを支えてくれる、いっぱいの、あたたかい手がある。
そう思ったのだ。

私は、私ができることを、しよう。
そしていつか順番がきたら、私も、そのあたたかい手のほうになろう。
そう思ったのだ。

あれから、六年たちます。

いま、その美容院は、「ママ美容師が最も働きやすい会社」として、全国の美容院のモデルケースになっている。

あのとき、息子に声をかけてくれた女性美容師さんは、いまごろ、どうしているだろう。

ハロウィンになるたびに。

あの、とてつもなく救われた気持ちになった日のことを思い出します。

「それはただの特徴でしょ？」

あのとき、彼にどんな言葉をかければよかったのだろう。

今でも考え続けていることについて書きたい。


それは、同世代の子どもを持つママたちが集まった場でのことだ。親は親同士でおしゃべりを楽しみ、子どもは子どもたち同士で遊んでいたとき、息子氏が一人の男の子にこんなことを言った。

「A君は、ちっちゃいからなあ」

そして、その子の頭をよしよしといったふうに、なでた。

子どもたちは、その発言を気にしているふうでなかったが、その場にいた親たちの間には微妙な空気が流れた。A君と、A君のママの表情は私の場所からは見えなかったけれど、私は内心ひやひやしていた。


息子は、生まれたときからずっと低身長・低体重だった。健診に行くたびに標準を大きく下回るグラフを見せられ、「栄養は足りていますか？」と、聞かれることがすごく苦痛だった。

いつのまにか、指導対象にならない程度には成長していたのだけれど、今日、彼の言葉を聞いたA君のママは、どう思っただろう。


家への帰り道、私は彼に話しかけた。

「今日、息子氏さ、A君のことを、ちっちゃいって言ったよね。あれ、ママは気になっちゃったんだ」

「どうして？」

「だって、A君は、小さいって言われて嫌な気持ちになったと思うんだよ」

ところが、彼は、まったく意に介してくれない。

「え、なんで？　A君、背が低くて小さいじゃん」

「うん、それはそうなんだけど、それを言われるの、A君は嫌なんじゃないかなあ」

「え、どうして？　本当のことなのに？」

話が嚙み合わない。私は、言い方を変えることにした。

「たとえば、息子氏は、B君に『おまえ、本当に小さいなあ』って言われたら、嫌な気持ちになるでしょ？」

私は、背の高いB君の名前を引き合いに出した。しかし彼は、きょとんとした顔をして聞き返す。

「どうして？　僕は全然、嫌な気持ちにならないよ」

「え？　ならないの？」

「うん、だってB君のほうが僕より全然大きいし」

「……」

「B君が僕より小さいなら、変だよねって思うけど、B君のほうが大きいんだから、それって……」

「それって？」

「ええと、そういうのってなんて言うんだっけ？」

「事実？」

「ああ、それそれ。事実。B君が僕より大きいのは事実だから、それを言われても全然嫌じゃない」


もしかして……と、思う。さっきから会話が嚙み合わないのはアレか？

「息子氏、ひょっとして、背が低いことを嫌なことだと思ってないんだね？」

「え、うん。A君、ちっちゃくて、かわいいじゃん」

「……」

「ママは、背が低いのは嫌なの？」

「あ、いや、全然嫌じゃないよ」

「そうだよね。背が高いとか、低いとか、そういうのってただの……」

「特徴?」

「そう、それそれ。ただの特徴じゃん。どっちが強いとか弱いとかじゃないでしょ」

「たしかに……」


ちょうどそのとき私は、「人を見た目で判断するべきではない」という趣旨の「ルッキズム」について執筆を頼まれており、かなり正論ぶった文章を書こうとしていた。

だけど。ふと立ち止まる。

ひょっとして、私のほうが、息子よりもよっぽどバイアスがかかった目で人を判断しているのではないか? 身長は高いほうがいい。そう思ったから、私は彼の発言を正そうとしたのではないか。

「背が低いことを指摘するのは、やめましょう」と伝えることは、むしろ大人目線の勝手な価値観を押しつけることになるんだろうか?


そこまで考えて、思う。

いやいや、でも、ちょっと待て。

いくら彼が身長に対してフラットなものの見方を持っていたとしても、先方が、それを嫌だと思っていたりコンプレックスに感じていたら、やはりそれは口に出すべきではない。それを教えるのは、大人の役割ではないだろうか。

すっかり、頭が混乱してきた。

この日、私は、考えに考えて
「息子氏の考えは、よくわかった。身長が高いのも低いのも、ただの事実だし、その人の特徴だよね。でも、お友達の中には、見た目のことを言われるのが、嫌な人もいると思うんだ。だから、この人は、そういう話をされて嫌なのか、嫌じゃないのか。相手の気持ちを想像しながら話してみるといいかもね」

と、伝えた。

彼の顔を見ながら話したが、腑に落ちた気配はなかった。ただ、私が真剣なことだけは伝わったのであろう。彼は、神妙な顔をして、わかったと頷いた。

一方、私は、そう伝えながらも、後味の悪さを感じていた。

ひらたく言うなら私はいま、彼に、「空気を読め」と言ったのだ。


「空気を読む」

私が最も嫌いな言葉だ。

空気を読むとは、「この人とはわかり合えなくてもいい」と、ジャッジすることに近い。

※

あれからもう何日も経つけれど、いまでも私は、この件に関して、どんなふうに彼に話せばよかったかなと考えている。それは、彼を正しい道に導きたいというような気持ちとは、ちょっと違う。

私たちが生きていく中で、いままさに直面しているいろんな課題の本質が、ここにあるような気がしてならないからだ。

ルッキズム、自己肯定感、他者との比較、生きづらさ……。

いろんな言葉が、頭をめぐる。

分断された世界のあちらとこちらで使われている言葉について、考える。

いつか、このことについて、自分の考えをまとめてみたい。そしてまた、彼の意見を聞いてみたいなと思っている。

もうひと頑張りする理由

「僕、はじめて映画で、泣いちゃった」

劇場が明るくなると、息子氏は、ちょっと恥ずかしそうに告白した。『STAND BY ME ドラえもん2』を観たときのことである。見ると、目のふちが、少し腫れぼったくなっている。

帰り道すがらも、彼は、映画の余韻にひたっていたようだ。

「映画って不思議だね。それを観ている間は、心が映画の中にとける感じがする」

心なしか、声もいつもより少し小さい。

「それは、登場人物と自分が同じ気持ちになるということ？」

と聞くと
「いや、違う」

と答える。

「そうじゃなくて、うれしい気持ちや、悲しい気持ちが、いっぱいあふれる感じになる。でも、映画が終わったら、その気持ちは、消えていっちゃうの」

心が映画の中にとける感じ、かぁ……。どんなに練っても、ライターの私の中からは出てこない言葉だ。

うっとりしたような顔をして帰宅する子の顔を見ながら、彼に貴重な「体験」を手渡ししてくれた映画の作り手の人たちに、心の中でそっと頭を下げる。

こういうとき、いつも私の頭の中には、恩送りとか、バトンとか、そんな言葉が、よぎる。よし、私もまた、自分の仕事を頑張ろうと、思う。

子どもが生まれたとき。

私の胸に必死にしがみつく赤子を見て、もう他には何も望まないから、ただただ健康で大きくなってくれればいいと祈った。

そして、これは自分でも意外だったのだけれど、その気持ちは、彼が成長してからも驚くほど変わらなかった。

いまでも私は、彼がどんな学校に行くか、どんな職業につくかといったことについては、心の底からどうでもよいと思っている。ただただ、健康で元気で生きていてくれれば、ほんと、それだけで十分幸せだと思っている。

ただ、あとひとつだけ。

もし、あとひとつだけ欲を出して、彼について何かを願ってよいのであれば……。

素敵な人と出会ってほしいなあと思う。

かっこいいでも、憧れるでも、びっくりしたでも、こんな人になりたい、でも。なんでもいいから、素敵な大人や先輩に出会って、なんだか人生って面白そうと思ってくれたら、あとはもう、ほんと、何もいらないと思っている。

そういう人たちに出会って、そういう人たちが世の中に生み出す作品や商品やサービスと交わって、

「自分もおもしろい人生を送りたいな」

「自分もおもしろいものを作りたいな」

と、思ってくれたら、もう、親としてそれにまさる幸せはない。

もし、彼に「すっごくかっこいい人に出会った。あんな人になりたい」と報告されたら、私は心から嬉しいし、それだけで安心して死ねる気がする。

そう考えるようになったからか。自分の、仕事に対するスタンスがちょっと変わったような気がする。

自分の子どもに「素敵な大人と出会ってほしい」と望むのであれば、まず、私が誰かにとってのそんな存在になろう、と考えるようになった。

なんとなく、私が、誰かにとってのそういう存在になれたら、まわりまわって自分の子どもにも、素敵な出会いがあるような気がしてしまうのだ。

仕事先で会う若いアシスタントさんたち。セミナーで出会う大学生。ライターの卵さんたち。

そういう人たちのうち、一人でも二人でもいいから、自分の母親に「ねえねえ、今日、さとゆみっていうやたら元気のいい人が来て、なんかさ、妙に人生楽しそうだった。あんなふうに楽しそうに仕事したい」って、報告されるような存在になりたいな。というか、なったほうがいい、と思うようになった。

だから、子どもが生まれてからのほうが私、ものすごく真剣に、仕事に、人に、向き合っている。誰と会ってもそこに、彼／彼女を生んだ人の存在を感じて、接しているな、と思う。

これは、子どもが生まれて、変わったことのひとつだ。

家に戻った息子は、すぐにスイッチを取り出して、クラスの友人たちとオンライン上のゲームをしながら、会話をしていた。

「オレさ、今日ドラえもん観てきたんだよ。スタンドバイミーのほう」

さっそく、先ほどの興奮を伝えているようだ。

「超よかったよ。オレ、映画観て、はじめて泣いちゃったもん。みんな、絶対観にいったほうがいいよ」

そう言われるクリエイティブを生み出している作り手の人たちにちょっと嫉妬しながら、でもやっぱり感謝しながら、そして奮い立たせられるような気持ちになりながら、私も仕事に戻る。

もうひと頑張りするか。

彼の声を遠くに聞きながら思う。

「死んでも覚えていたい」とキミは言う

二年ほど前のことだったろうか。

北海道にいる母から連絡があり、両親のテニス仲間だったおじさんが亡くなったという。私も小さいときから可愛がってもらったおじさんだった。

お夕飯の席でその話を夫にしていると、当時七歳だった息子氏が、ばあばのお友達、死んじゃったの？　と聞いてきた。

どうして？　と尋ねるので、病気だったんだって、と答えた。

そんな会話があった、その日の夜。布団の中で彼が私にすり寄ってきた。

「ねえ、ばあばのお友達が死んじゃったってことは、ばあばももう少しで死んじゃうの？」

と聞く。ばあばは元気だから大丈夫だと思うよと答えると、

「だけど、ばあばはもうすぐ七十歳になるでしょ。じいじは、ばあばより歳上だよね。寿命まではあと何年あるの？　もし、じいじと、ばあばが寿命まで生きたとしたら、そのとき僕は何歳？」

と尋ねてくる。寿命は誰にもわからないけれど、いまは元気だから、と答える。

心配なの？　と聞くと、頷いた彼の目にみるみる大きな涙がたまる。

「だってママは、僕を生むのが遅かったでしょ。だから、クラスのみんなのママより、歳とってるんだって。ママが歳をとってるってことは、じいじもばあばも、お友達のじいじやばあばよりも歳をとってるんでしょ」

そういえば以前、彼に、高齢出産について説明したことを思い出した。

「ママがもっと早くに僕を生んでくれてたらよかったのに。そしたら、じいじもばあばも、こんなに歳をとってなかったのに」

と、彼は泣く。

夜になると、生死の境目が揺らぐのはみんなそうなのだろうか。彼は、言葉を覚えてすぐのころから、ことあるごとに死んだらどうなるのかと、私に尋ねる。何度も何度も死ぬことについて尋ね、そしてそのたびに小さくすすり泣く。

死んだあとの記憶についても、よく話をした。

「もしも僕が死んじゃったとしたら、覚えてられる？」

「そりゃ、ママはキミのこと忘れたりしないけど」

「違う。僕が死んだら、僕はママのことを覚えてられる？」

「あ、そういう意味か。それはわからないなあ」

「どうしてわからないの？」

「だって、死んだことがある人と、誰も話したことないから」

「じゃあ、ママはどう思う？　死んだあとも、覚えてられると思う？　ママの考えでいいから」

ちょっと考える。ちゃんと私の考えを話したほうがいいなと思って、彼のほうに体を向き直した。

「うーん、わからないなあ。ママは、死んだら何も覚えていないんじゃないかという気がするけれど」

「僕はね、死んでも、ちょっとだけは覚えていられると思うんだよね」

「うん」

「そしたら僕は、ママとパパとじいじとばあばのことを思い出すと思うの」

「うん」

「どうしても覚えていたいの」

「そうなのね。一番覚えていたいのはどんなこと？」

「この間、ママが僕に言ってくれたでしょ」

「?」

「ママがいままでで一番嬉しかったのは、僕が生まれてきてくれたことだよって」

「……」

「あれね、僕ね、死んでも覚えていたいの」

「……」

「忘れたくないのぉぉぉ」

「……そっか」


そうか、たしかにずいぶん前に、言ったことがあるな。覚えてくれているんだね。彼をそっと抱きしめる。

夜は、生死の境目がゆらっと揺れる。私のパジャマに顔を埋めている息子からは、鼻をすする音だけが聞こえる。

だけど、と、私はふと思う。

おい、ちょっと待て。

とんとん。

「ん？」

「あのさ」

「……うん」

「ママ、ひとつ提案したいことがあるんだけど」

「うん……提案ってなに？」

「ママが、こうしたほうがいいんじゃないかと思うことを、発表したいと思います」

「はいどうぞ」

「死んだあとにも、覚えていたいと言ってくれてありがたいんだけれど」

「うん」

「いったん、ママもキミも、いま、生きてるじゃん？」

「うん？」

「ばあばも、いま、生きてるじゃん？」

「うん」

「死んだあとにどうなるかはわからないけどさ、生きてるうちのことは自分の気持ちしだいで、そこそこコントロールできると思うわけ」

「うん」

「だから、いったん、生きてる間にできるだけ仲良くしない？」

「……」

「キミ、さっきさ、ママなんか大嫌い、こんな家、出ていくって言ったよね。ママが『ゲームより先に明日の学校の準備してね』って言ったとき」

「……」

「あとさ、この間、ばあばが来てくれたときにもケンカして、ばあばなんか北海道に帰っちゃえ。もう来なくていいって言ったよね」

「……」

「いや、死んだあとに思い出してくれるのも嬉しいんだけど、いったん、生きてるうちにできるだけ優しくしあって、仲良くしたいと思うんだけど……どう？」

「……」

「……できそう？」

「……うん、わかった」

「じゃあ、指切り」

「……うん」

いっぱい泣いて疲れたのか、彼はそのまますぐに寝落ちした。

それでもきっとこの指切りのことを、私たちは、明日には忘れる。そしてまたきっとケンカするんだ。宿題が先だの、お手伝いが先だの、風呂入れだの、ゲーム片付けろだの。

でも。

彼が、死んでも僕は覚えていたいといった、その言葉をきっと。

いつか必ず、これから何度も、私は思い返すんだと思う。

思い出したり、忘れたり、また思い出したり、ケンカしたりして、そして、いつかは、本当に死ぬ。本当に別れることになる。

そのときに、何かひとつ記憶を持っていけるとしたら。この日のことがいいなって、暫定的に思った。


そして。

「でもまあやっぱり今はまだ死んでいないから、生きているうちに、できるだけ大切にしよう」と、彼に言った言葉を今度は自分に言い聞かせる。

子どもにかける言葉のほとんどは、ブーメランなのだ。


この出来事があってからしばらくのち。

私は、このときの会話を鮮明に思い出すことになる。

じいじが、つまり私の父が、余命数カ月と宣告された。

命のリレー

クリスマスのイルミネーションで華やぐ街を、家に戻る道すがら。
「北海道のばあばは、元気にしているかなあ?」
と、息子氏が言う。

今年の春、父が亡くなった。
スキルス胃がんを宣告されてから、意識がなくなるまで、四カ月だった。この間、
私は、休みがとれるたびに実家の北海道に戻っていた。

聴覚は最後まで残ると、きっと誰かに聞いたのだろう。意識が薄くなってからも、
母は父にずっと語りかけていた。
私と結婚してくれてありがとう。
私は本当に幸せでした。
これからのことは心配しないでね。

そんな会話が始まるたび、私はそっと病室を出た。

本当に仲の良い夫婦だったのだ。

東京の私の家にいるときだって、毎晩父から電話がかかってきた。いつも、三十分以上話し込んでいる。結婚して四十五年もたって、まだ話すことがあるんだなあと、思っていた。

息子は、言う。

「じいじが死んだとき、僕、ばあばに『大丈夫?』って聞いたことがあるの」

「うん」

「そうしたらね、ばあば、『大丈夫じゃない』って泣いてた」

「そっか……」

「ばあば、元気になっているといいなあ」

＊

父と母は、教育大学の軟式テニス部で出会ったそうだ。

二人とも卒業後は学校の先生になる予定だった。しかし、父は、大学四年生のとき、病を得る。卒業式にも出席できず、卒業後も就職の希望を出しながら自宅待機をすることになった。

半年後、すでに新卒採用は締め切られていた時期、父は北海道の知床半島羅臼町の小学校に赴任が決まった。当時住んでいた家からは、車で六時間かかる。地元の高校の教師になった母とは遠距離恋愛になった。

着任後、再度肺に大きな影が見つかり、父は手術をすることになった。

手術は成功したものの、今度再発したら、そのときは覚悟をしてくださいと先生に言われ、リハビリを重ねて羅臼町に戻ったときは、入院から約半年がたっていたと聞く。

母は、手術を終えて羅臼町に戻った父を支えるべく、教師を辞め、知り合いが一人もいない小さな漁師町に嫁いだ。

その後、母は私を身ごもった。私は、羅臼町で生まれ、三歳まで羅臼で育った。

当時のことを私は覚えていない。

でも、そのころを知る人たちの話によると、「五年再発しなければ……」と言われた父は、そのすべての時間を、情熱を、学校の子どもたちに捧げていたようだ。当時の父の口癖は「死んだらいつでも寝られるから」だったらしい。

学校の授業中はもちろん生徒たちのために、そして放課後は軟式テニス部の選手たちのために。朝から晩まで命のすべてを、クラスの子どもたち、部活の選手たちのために使った。

遠征につぐ遠征。生徒たちのために買うラケットや備品。いい先生がいると聞くと全国どこまでも飛んで練習法を聞きに行ってしまう父……。

父はお金にとんちゃくするタイプじゃなかったので、当時、母は嫁入りのときにおばあちゃんが持たせてくれたお金を切り崩して生活をしていた。そのことを話してくれたのは、私が三十歳を超えてからだった。

「何のために、仕事を辞めて、嫁いできたのだろう……」

あるとき思い詰めた母は、私の手をひいて、家出をした。

もうろうとした表情で私を抱え、国道を歩いている母。その姿を不審に思った町の人に、母と私は保護されたという。

そのとき、母は、思い出したそうです。

「私は、あの人が手術をしたときに、『神様、お願いだから、命だけは助けてくださ い』と、祈ったじゃないか。それを聞き届けてくださって、命を助けてもらって、さらには元気で飛び回っていることを不満に思うなんて、おかしいじゃないか」と。

そこで母は、父のクラスの子どもたち、部活の子どもたちと、自分自身も関わることを決めた。

毎日テニスコートに通い、そこでボール拾いをし、全部の遠征についていき、一緒に試合を応援し、一緒に喜び、一緒に悔しい思いをするようになった。

休みの日には、家にクラスの子どもたちが遊びに来られるようにし、ご飯を食べさせ、一緒に山登りをし、一緒に歌を歌うようになった。


父が死んだとき、驚いたことがある。

父が関わったクラスの教え子、テニス部の教え子、同僚の先生方、講習でまわった全国の先生たち、選手たちの名前を、母がすべて覚えていたことだ。

父が死んでからも、教え子やその親御さんたちが、ひっきりなしに母を訪ねてきてくれる。介護で痩せ細った母は、少しずつ体重を取り戻していった。


父は、公開授業をすれば、教室に見学者が入りきらないほど、全国から先生が押し寄せる人だった。

そして、テニスの指導者としては、小中高と、自チームや北海道選抜チームの十六回の全国優勝に関わり、ベースボールマガジン社で七年間連載を執筆していた人でもある。

でも、そのすべてを文字通り、支えてきたのは母だった。

父は、あらゆる重要な決断は、母と相談して決めていた。彼女がいたからこそ、父はずっと走り続けることができたんだと思う。


母は、子どもの私から見ても、とても優秀な人だった。

私と弟の子育てが終わり、教職現場に復帰したあとは、毎年余るほどのオファーをもらっていた。

以前、私は、母に聞いたことがある。

「ねえ、お母さんのほうが、お父さんよりずっと頭がいいし、仕事もできるのに、どうしてお父さんのサポートにばかりまわるの？」

母はこう言った。

「お父さんには、人の心に火をつける力があると思うのね。それは、本当に素晴らしいことで、誰にでもある力じゃない。だからお父さんを応援したいと思っているの」

そうか、こんなにクレバーな人が「自分が裏方にまわって支えたい」と言うくらい、父はすごい人なのか……。子ども心ながらに、そう思ったことを覚えている。

自分の人生を捧げてもいい。

そう思うほどの人に出会えた人生は、きっと幸せなものだったに違いない。

＊

父が亡くなる日の前日、私たち夫婦は離婚を決めた。

親は、その死をもって、最後の教えを子どもに授けると聞いたことがある。父と、その父を看取ろうとする母の姿が、私たち夫婦にひとつの決断を与えてくれた。


この年末年始。迷いに迷ったが、私は母を東京に呼ぶことにした。コロナのことは心配だったが、北海道も今は大変な時期だから、東京とさほどリスクは変わらないだろうと判断した。

父のいない初めての年越し。母に一人で新年を迎えてほしくなかった。


クリスマスイブの今日、母は北海道から東京にやってくる。

それを聞いた息子は、いたく喜び、

「ばあばにクリスマスプレゼントを用意しようよ」

と言う。

そして、「ばあばは元気にしてるかなあ」と言ったのだ。

私は彼に聞いてみた。

「ねえ。じいじは、死んだあとも、キミのことを覚えていると思う?」

不思議なもので、そういう話をするとき、私たちはなぜか、空を見上げてしまう。

「うーん、わからない。でも、覚えてくれているといいなーって思う」

しばらくの間があったあと、彼は空から視線をおろして、自分の胸を指した。

「じいじのことを思い出すと、このへんに、勇気みたいなものがわいてくる感じがするよ」

へええ。勇気、か。

「勉強しているときとか、サッカーしているときとか、ときどき、じいじのことを思い出すことがあってね。そうしたら、なんか、頑張れるような気がするんだよね」

ああ、それはわかるな。

それは、ママも同じだ。

「じいじに勉強しなさいって言われたことは一回もないから、なんか不思議だけどね」

彼は笑う。

父から受け継がれた命を。

私が受け渡した命を。

この小さな男の子の中に、見つける。


そういえば、彼を妊娠したとき。

父は、それまで一度も見たことのないような顔で、喜んでくれたっけな。


冷たい風が、夜道を吹き抜ける。

「今夜は、ほんと寒いねー」

指先に息をふきかけると、彼は私の手をとって、ジャンパーのポケットに入れてくれた。

ポケットの中で、私と彼は、手をつなぐ。


命がリレーしたあたたかさが、そこにあった。

できるようになったこと

「ねえ、ママ。ママは、僕がいなければいいのに、って思うことある？」

突然、息子氏が、そう聞いてきた。


ダッシュで二人分のお夕飯を作っていたときのことだった。日中、思ったほど原稿が進まず焦っていた私は、がちゃがちゃと音を立てながら、テーブルにお皿を並べていた。

たしかに私、「ああ、一人だったら、ご飯も作らなくていいのにな」と、一瞬思ったのかもしれない。そういう空気のひりつきに、彼はとても敏感だ。

「ごめん。なんかママ、イライラしていたかもしれない」

私は、頭を下げる。そして伝える。

「でも、キミがいなければいいのにって思ったことは、キミが生まれてから一度もないよ」

そう。

子どもが生まれる前は、「出産したら、きっといろんなことができなくなるんだろうな」と思っていた。
仕事をセーブしなきゃいけないだろう。自由な自分の時間も、きっと減るだろう。諦めなきゃいけないことも、増えるんだろうなって。

でも、実際に子どもが生まれてわかったのは、「たしかにできなくなったこともあるけれど、それ以上に、できるようになったことのほうがずいぶん多い」ということだった。これは、私にとって、驚きの誤算だった。

たとえば、できなくなったことは、朝までカラオケで飲み明かすことだったり、ヒールの高い靴でミニスカートをはくことだったり（ママチャリに乗れない）、取引先からの携帯電話のコールに三回以内に出ることだったりした。でも、よく考えたら、それって、無理してやらなきゃいけないことでもなかった。
唯一の例外は「朝まで起こされずにゆっくり眠る」こと。これは、できなくなって残念なことナンバーワンだったけれど、それだって、二年もしないうちに「できること」のほうに戻った。

一方で。

そんな「できなくなったこと」や「難しくなったこと」を補ってあまりあるほど、「できるようになったこと」のほうが、多かった。

この「できるようになったこと」を口で説明するのはちょっと難しい。


たとえば、私、ちょっぴり性格がよくなった。

子どもが生まれる前の私は、そうとう嫌なヤツだったと思う。いつだって、自分のことしか考えていなかった。

フリーのライターになってからは、「あの先輩ライターさん、結婚か出産で休んでくれないかなー。そうしたら、私があのレギュラーの仕事、奪うのに」と、毎日思っていた。

仕事でスタッフがミスしたときは、「マジで勘弁してよ。あんたのミスのせいで、私まで仕事できない人みたいに見えるじゃん。この人とは、二度と組みたくない」と、本気でぷんぷんしていた。嫌なヤツだ。


でも、子どもが生まれてからは、なにか、心持ちのようなものが変わった。

「ああ、この人にも親御さんがいるんだよなあ。きっとその親御さんが、大事に大事に育てたんだろうなあ」

とか

「きっと、いい人と出会って、幸せな人生を送ってほしいと祈って、社会人になるまで育てたんだろうなあ」

と、勝手に想像してしまうようになったのだ。


そう考えたら、もうダメだ。誰のことも、嫌いになれない。誰のことも、大切にしたいって思ってしまう。このころ、「子どもが生まれて、驚くほど丸くなりましたね」と、よく言われた。


子どもが生まれて、できるようになったのは、それだけではない。

たとえば、人に頼れるようになった。そして、人にあやまれるようになった。人にあやまれるようになったのは、完全に息子の影響だ。


彼が小学校に入学したころのこと。

それまで、素朴で従順で、「かわいい。かわいい。本当にかわいい」以外の感想を持ちようがなかった息子の態度が、急に変わった。

こんな時期に反抗期がくるなんて聞いていないと思ったほど、毎日喧嘩ばかりだった。売り言葉に買い言葉。子ども相手だとわかっているのに、本気で怒鳴ってしまう。

いや、喧嘩になっているときは、まだマシだ。

ときには、私の顔を一瞥して、「いや、もういいや」と言う。「ママのしたいようにすれば」と言われたこともある。そして、この件に関して私を「話す価値のない相手」とみなして、何も話さなくなる。

大声で泣き叫びながら反論してくるのもめんどうだし参るけど、会話をシャットダウンされると、もっとこたえる。

そして、どうしてこうなっちゃったんだっけと元をただすと、大抵の場合、彼の言う「ママは僕の気持ちをぜんぜんわかってない」が正しくて、私が「ごめんね、ママが間違ってた」と、あやまる羽目になる。

仕事でのミスはともかくとして、プライベートで私は、「ごめんなさい、私が間違っていました」と、誰かに言った経験が、ほとんどない。

これまで、とても頭でっかちに生きてきたので、しかも無駄に弁が立つタイプだったので、いつも会話で人を言い負かしてきた。

会話とは、キャッチボールではなく、相手から三振をとること、もしくはヒットやホームランを打つことだと思い込んでいた節すらある。

だから、過去発した「ごめんなさい、私が間違っていました」のうちほとんどは、ここ数年の間に息子に向けて言った言葉だ。

でも、ひとたび「ごめんなさい」とか、「そうか、そういう考えもあるよね」とか、「自分のことばっかり考えてたね」とか、「私が悪かった」とかを口に出すと、それは「負け」でもなんでもなくて、むしろ、新たな気づきでしかなくて、とても素敵なことなんだと思うようになってきた。

そして、彼に指摘され、自分がいかに詭弁や矛盾が多い人間かを自覚するようになってこのかた、他の場面でも、「あれ？　私、ほんとに相手のことを考えて話してるっけ、いま」と、立ち止まることが多くなった。

最近は彼以外の相手にも、自分のことばかり考えてごめんなさいと、言う機会が増えた気がする。

キミと出会ってから。ママは、キミと一緒に、少しずつオトナになっている。そんな気がするよ。キミと出会えて、よかった。

二〇二一年。今年もどうぞ、よろしくね。ときどきケンカもするかもしれないけれど、なるべく仲良く助け合っていこうね。

今日も、気をつけて

年始に火打ち石を買った。

きっかけは、テレビドラマの『恋する母たち』の最終回のシーン。落語家役の阿部サダヲさんを家から送り出す仲里依紗さんが、玄関でカチカチと火打ち石を打っていたのを見たことだった。

調べてみたら、あの動作を「切り火」というらしい。


そういえば、と思い出したことがある。

母方の祖父母の家は宮大工の家系で、祖母は、祖父を毎日切り火で送り出していた。聞けば「現場で事故がありませんように」との、おはらいだという。

祖母は、頼めば、私と弟にも切り火をしてくれた。子ども心ながらに、神聖な気持ちになる瞬間だった。

「気をつけて」という言葉が「気」を「身に〝つけて〟持っていって」という意味だと知ったのも、このころだ。

家で待つ人が、出かける人に「気」をつける。その「気」に守られ、出かけた人は無事に戻ってくることができるのだと祖母は教えてくれた。

ドラマを見て、そんなことを思い出した私は、あれを、どうしてもやってみたくなった。さっそくＡｍａｚｏｎで検索してみる。

「伊勢—宮忠　火打ち石お試しセット」なるものがあった。水晶とローズクォーツとアメジストの三種の石がついて、三四六〇円だという。相場はわからないが、初心者にはちょうどいいくらいかもしれない。ポチッとして数日で、火打ち石セットが我が家に届いた。

冬休み明け、息子氏が初登校する日の朝。

私は、玄関で、念願の切り火をした。思ったより大きな火花が散って、二人で「おおっ！」となりながらも、この行為は我が家の新しい習慣になりつつある。

「気をつけて」の意味も、彼に説明した。毎日の「気をつけてね」「うん」のやりとりが、心なしか重力を持ったような気がする。

事故にあいませんように。

怪我をしませんように。

今日も一日楽しく過ごせますように。

そう短く祈って、送り出す。


新年早々、一都三県に二度目の緊急事態宣言が出た。

学校閉鎖になっていないぶん、一度目に比べると混乱は少ない。よくも悪くも、withコロナに慣れてきたのもあるだろう。

でも、緊急事態宣言下に子どもが学校に通うことに対して、今回私がそこまで不安になっていないのには、もうひとつ理由がある。

あの場所には、子どもたちに「気」をつけてくれる人たちが、たくさんいる。

親の「気」だけではない。子どもたちは、本当に多くの人たちの「気」に守られている。昨年、それを知ったからだ。


あれは、最初の緊急事態宣言が開けたあとの五月の登校日のことだった。

三密を回避するために守るべきガイドラインに沿うと、とてもではないが、学校の先生だけでは登校時の人手が足りないことがわかった。

交通量の多い校門前の歩道を、間隔を開けて渡らせる。

マスクを忘れた子に、事情を聞いてマスクを渡す。

玄関で、子どもたちが密集しすぎないように、声をかける。

検温表をチェックして、一人ずつ、教室に入れる。

検温を忘れた子を職員室まで連れて行き、検温をする。

具合が悪いのだけど休ませたほうがいいのかという電話を受け取る……。


これらに対応するために、先生がたは自主的に早く出勤し、密を回避するために早くから校門を開けているという。

それでも
「本当に三密は回避できているのか?」

「子どもに何かあったら学校は責任をとれるのか?」

といった親側の不安は尽きない。


そこで、PTAがボランティアをつのって、朝の始業前の時間だけ先生がたのお手伝いをすることになった。

思いのほか毎日多くの親が集まり、旗振りをしたり、検温の手伝いをしたり、子どもたちにソーシャルディスタンスを保たせるための声かけをした。

私もこのボランティアに何度か参加したが、これが、本当によい経験だった。学校と親は、「あっち」と「こっち」で対立する関係ではない。全員が全員、子どもたちを守りたい。同じ目的を持った、仲間なのだ。それを、肌身にしみて感じることができたからだ。

私だけじゃない。学校に足を踏み入れた親たちは多分みんな、同じように感じていたように思う。

ほんの少しだけれど、先生と会話をすることもできた。コロナ対応に追われて、毎日残業続きだったり、休日返上で学校に出勤している先生も少なくないという。

最初の緊急事態宣言のとき、大量の宿題を見て「え、学校は授業を家に丸投げするつもり?」と、ぷんぷんした自分を振り返る。

数日おきに届く宿題に、徹夜で丸つけをして、全員に細かくコメントを書いてくれていたのは、ここにいる先生がただったんだよな……。

これはあとから知ったのだが、大量の宿題を家で丸つけするために、毎日スーツケースで出勤している先生もいたという。

あのころ。ボランティアを終えて、学校から帰るとき、すれ違う先生がたは全員「ありがとうございます。本当に助かっています」

と声をかけてくれた。

いや違うよ。先生。助かっているのは、私たちのほうです。私たちの子どもたちを、毎日毎日、必死に守ってくれて、本当にありがとうございます。

今日も私は息子に「気をつけて」と言って送り出す（今日もびっくりするほど火花が散って、笑い合った）。

この通学路の先に彼を受け入れ、「気をつけて」みてくれる先生たちがいることを信じている。その感覚は、なにか、私をあたたかい気持ちにしてくれる。

コロナが、人と人を分断しようとしているときに、それでも引き離されない、気持ちや想いについて考える。

それが多分いま、一番、大切にしたいことだなと、感じる。

自分のためにする、ということ

久しぶりに、リアルでの講演会が入った。

昨年買って以来一度も出番のなかったワンピースに袖を通し、息子氏に「この服、どう思う?」と聞く。

彼は
「うん、すごくいいと思うよ」

と言ったあと
「でも……」

と、続けた。

「でも?」

「ママは自分でどう思うの?」

「うん、ママもこのワンピース、すごく気に入っているよ」

そう答えると、彼は「じゃあ、いいと思う」とにっこり笑う。

そして、

「自分が気に入ってるのが、一番大事だと思う。人がどう思うかは、相手次第でわからないからさ」
と、言った。私は、その大人びた言葉に、少し驚きながら
「たしかに、その通りだね。相手がどう思うかなんて、わからないもんね。自分が気に入った服を着るのが一番だね」
と答え、彼にお礼を言って、家を出た。

久しぶりに乗る新幹線は、ずいぶん乗車率が低い。

「人の感想はわからない。だったら自分の気持ちを優先したほうがいい」

シートにもたれながら、朝の会話を思い出す。意外とあとからじわじわくる言葉だ。彼はどこでそんな考え方を手に入れたのだろう。

そこまで思いをめぐらせて、はっとする。

彼が今日私に伝えてくれたことは、彼が生まれてすぐ、最初に決めたルールだったなあと思い出したからだ。


子どもができて初めて知ったのだけれど、出産や子育てをめぐるシーンには、多くの「すべき」が満ちていた。

お腹を痛めて産むべき。

カンガルーケアをすべき。

なるべく母乳で育てるべき。

三歳まで母子は一緒にいるべき。

いやむしろ、保育園で多様性を身につけるべき……。


世の中って、こんなに非寛容だったっけ？　子育てに物を申したい人が、ここまでたくさんいるんだということに驚いた。

ＳＮＳを見ていても、「そんなことしたら、子どもがかわいそう」だの「母親としての自覚はないんですか？」だの、見知らぬ人が見知らぬ人に物を申している。

あー、これ、早めに基本方針を決めないと、ヤラれるやつだなあと思った。


私はわりとメンタルが安定しているほうだけれど、とはいえ産後の自分は、いつもとはホルモンバランスが違う。こんな発信にいちいち右往左往していたら、心が疲れてしまう。

そう思った私は、ひとつ、ルールを決めた。それは、あらゆる判断を「自分（たち）のために、する」ということだ。

正直なところ、「子どものため」って、全然よくわからないなと思っていた。

「子どものために幼稚園がいい」

「子どものために保育園がいい」

と考えたとして、それが〝本当に〟よかったかどうかなんて、いつわかるんだろう。

「子どものためになった」かどうかなんて、誰が判断できるんだろうか。

そんなあやふやで、検証もコントロールもできない「子どものため」に縛られるくらいなら、もっとわかりやすい「自分（たち）のため」を優先しようと思った。

「自分（たち）が、そうしたかったから、幼稚園に入れた」

「自分（たち）が、そうしたかったから、保育園に入れた」

であれば、すっきりわかりやすい。


そう考えたら、ずいぶんと気が楽になった。

息子がはっきりと意思表示をできるようになるまでの間、私は「子どものため」ではなく「自分たちのため」で、そのときどきの方針を決めてきた。


子育てに関して人を批判する言葉には、ほとんどの場合、主語がない。

「子どもがかわいそう」

という言葉は、一見、「子ども」が主語のように感じてしまう。だから、主体性のある子どもの自由を奪っているのだろうか？　といった罪悪感を刺激されてしまう。

でも、違うのだ。「子どもがかわいそう」という言葉は、世の中を代表して話しているような大げささだけれども、実のところ
「（発言者である）私は、子どもがかわいそうだと感じた」
というだけのことだ。

「母親としての自覚はないんですか？」

という言葉も同じ。

「私は、母親としての自覚はないのだろうかという感想を持った」

というだけの話だ。そう考えれば、自分と違う意見を読んだり、批判されたり、からまれたりしたとしても
「ああ、あなたのご感想はそっちなんですね」

と、自分と切り離すことができる。


新幹線が名古屋を超えたあたりで、お手洗いに立った。そういえば、この狭い個室で、ずいぶんと搾乳をしたなあと思い出す。

子どもが生まれてからも、毎週のように出張をしていた。息子はほとんどミルクで育っているけれど、母乳もキープしたかったので、出張中は乳腺炎にならないように、何度も新幹線のトイレで搾乳していた。

一度だけ、講演先で
「小さなお子さんを家に置いて、出張するなんて、かわいそうだと思わないんですか」

と、言われたことがある。

「彼が、かわいそうかどうかは、私にはわからないです」

と、答えたと思う。

その人は、もう少し、何か言いたそうだったけれど、その次の会話の記憶はない。

彼女はいま、どうしているだろう。

新幹線の中で、しばらく彼女のことを思い出していた。いまなら、そう言いたくなってしまうような事情が彼女のほうにあったのだろうなと思うことができる。


子育てをするには、too hardな世界に、私たちは生きているなと思う。少しセンチメンタルな気持ちになっていたら、LINEがなった。

「おみやげ、京都のおかし、よろしくです。おしごと、がんばってね」

と、書かれている。

心の中に「八ツ橋」とメモをして、気持ちを切り替える。今日も楽しい一日にしようと、思う。

まずは、自分の道を

十年前の三月一一日。私のお腹の中には三十二週になる赤ちゃんがいた。どんっと揺れた瞬間、まずとっさにお腹に手がいった。人生で一度も経験したことのない揺れだった。

当時私は、切迫早産の入院から家に戻ってきたばかりだった。毎日の点滴からは解放されたものの、絶対安静で外出禁止。一日でも長く、赤ちゃんをお腹の中で育ててね。できるだけ立たないように、歩かないように。トイレとシャワーはいいけどお風呂はダメと言われ、毎日ベッドの上で原稿を書いていた。その日は、手伝いに来てくれていた母親が、一カ月ぶりに北海道に帰る日だった。玄関まで見送ろうと立ち上がったときに、揺れた。母と一緒にあわててテーブルの下に隠れた。

ガラスの食器棚から花瓶やグラスが落ちるのを支えようと、母がテーブルの下から出ていったので、「押さえなくていい！　危ないから！」と叫んだのを覚えている。

テーブルの下で前かがみになり、声を出すというそれだけの動作でも、ぎりっとお腹が痛む。もし家が崩れそうになったら、逃げることはできるだろうか。身重の動物の弱さに呆然とする。このときのことは、いまでもよく、夢に見る。

幸い、怪我はなかったし、家に被害もなかった。けれども、テレビをつけたら、世の中は大変なことになっていた。


家族や友人たちと、安否を確認しあう。無事だった。よかった。気をつけてね。うん、そちらも。そんなやりとりが数日続いた。

しかし、原発の情報が錯綜し始めたころから、私のケータイに届くメールの様子が変わってきた。

「西に逃げたほうがいいと思う。赤ちゃんのことを一番に考えて」

「北海道で里帰り出産できないの？」

「東京での出産は危険です」


誰もが親切心で言ってくれているのはわかる。

でも、いつ産まれるかわからない切迫早産の身。ハイリスク妊婦になってしまったいまとなっては、ＮＩＣＵ（新生児集中治療室）のない病院での出産は受け入れてもらえない。文字通り、身動きがとれないのだ。

そのうち、妊婦は水道水を飲んではいけないという情報が出回った。レンタルのウォーターサーバーが、どこも品切れだという。

友人たちからのメールがくるたびに不安が増す。何が正解なのか、デマなのかもわからない。このころから、テレビのニュースを見るのはやめた。

選択肢のない出産はまだよかった。迷う余地がなかったからだ。

でも、無事に子どもが生まれてからも、粉ミルクから放射線物質が出た。保育園の砂場からセシウムが検出されたといった報道が続く。

小さな子どもを持つ仕事仲間が、何人も「疎開」した。自分の選択が、子どもの将来を左右してしまうのかもしれない。その、緊張感。

初めての出産、初めての子育てだけでも手一杯なのに、国民全員が初めて経験する放射能問題が加わったこの一年は、いつも身体に力が入っていた。

いまもし、あのときの私に声をかけてあげることができるなら

「大丈夫だよ。十年たっていま、あなたの息子は元気すぎるくらい元気に育っていますよ。あのとき一緒に生まれた同級生たちもみんな、元気に遊んでいますよ」

と、伝えてあげたい。

そして、あのとき「この子が元気で育ってくれさえすれば、他には何もいらない」と祈ったことも。謙虚な気持ちで、何度でも思い出そうと思う。

そこまで考えて、ふと気づく。

そうか、私があのとき不安でしかたなかったように、いま、コロナ禍で不安な出産を控えているお母さんたちもいるだろうな。生まれたばかりの子どもと、心の落ち着かない生活をしているお母さんたちもいるだろう。

その人たちにも、みんなにも、早く平穏な日が戻ってきますように。みんなの子どもが元気でありますようにと、祈る。

ところで十年前の東日本大震災のときから、ひとつ。ずっと心に留めている言葉がある。当時ファッション業界で活躍していた、ある女性社長の言葉だ。

彼女は震災直後からTwitterで被災地に支援物資を送ろうと呼びかけ、集まった大量の救援物資を続々と被災地に送っていた。

十トンのお米、一万人分お米がたける炊飯器、数千人分のおにぎり、三〇〇〇枚の毛布に、二〇〇〇枚の下着……。日本全国から続々物資が集められている場所は、当時私が住んでいた家のすぐ近くだった。こういう「目に見える支援」は、人の命をリアルに救う。

また、東京と東北の避難所を何度も往復する彼女は、政府や行政が把握していない情報を持っていて、その情報も重宝されていた。

彼女を心から尊敬する一方で、何もできない自分に対する歯がゆさも募っていく。体さえ動けば、近所にあるはずの拠点で仕分けのボランティアをしたいのに……。

そう思ったのは私だけじゃないようだった。ある高校生の女の子が、彼女にTwitterで、こんな質問をしていた。

「高校生の自分に何が出来るのかが思いつかない」

それに対しての、彼女の答えはこうだった。

「まずは自分の道を。わたしはこうして出来るようになるまで30年かかったよ」

短いやりとりだったけれど、私はいまでも、この投稿を一字一句はっきりと覚えている。この言葉に、心から、救われたからだ。

私が、どこかで誰かのお役に立てるのは、いまじゃない。いまじゃなくても、いい。いまはとにかく、このお腹の子が元気に生まれてくることに集中しよう。そして、これから先も「自分の道」を一歩ずつまじめに歩いていこう。

そうした先に、十年後か、二十年後か。力をたくわえた自分が、どこかで誰かを笑顔にできるかもしれないし、誰かの役に立てるかもしれない。

そう思ったのだ。

何かに迷ったとき、早く成果が欲しくなったとき。いつも、この言葉を思い出してきた。

「まずは自分の道を。わたしはこうして出来るようになるまで30年かかったよ」


あれから十年たった。

十年目の三月一一日を迎えて、思う。


私は私の道で、力をたくわえられただろうか。

その力を、誰かのために使えているだろうか。

たとえば、ときどきでもいいから、自分の言葉は誰かの役に立っているだろうか。

一瞬でもいいから、嫌なことを忘れたり、楽しい気持ちになれる、そんな時間を作れているだろうか。


十年前の自分を思い出しながら、今日も、私は、文章を書いている。

この一年で一番、勇気をふりしぼった日

今年度最後の学年保護者会。

ｚｏｏｍには一〇〇人近くの親がログインしていた。あらゆることがイレギュラーだった令和二年度。リアルな保護者会は、結局一度も行われず、すべてオンラインでのやりとりとなった。

画面の向こうでは、クラス担任の先生が、今学期に子どもたちが取り組んだ勉強について説明してくれている。小学三年生にもなると、ずいぶん難しいことも習っているのだな。今年は授業参観がなかったので、いつも以上に興味深く感じる。

隣のクラスの先生は学期途中で妊娠がわかったそうだ。それをクラスで伝えたところ、子どもたちがその後ずいぶん身体をいたわってくれて嬉しかったという話をしてくれた。なんだか、ぐっとくる。

最後に、保護者を代表して、クラス委員のお母さんが先生たちに感謝のことばを伝えた。とおり一辺倒ではない、とても心のこもったあいさつだった。

「こんな大変な一年間、子どもたちを安全に楽しく導いてくださって、本当にありがとうございました」

ああ、本当だ。本当に、誰にとっても大変な一年だった。

実はこの一年間、私はＰＴＡの役員をしていた。正直言って、この仕事を引き受けた一年前の自分の頭をポカポカ殴りたいくらい、その仕事は大変だった。

でも、ＰＴＡに参加したからこそ見えた景色は、本当に得難いものだった。特に、コロナに振り回されたこの期間。この一年を、ほんの少しだけ学校の内部事情を知りながら過ごすことができたのは、幸せなことだったと思う。

登校見守りのボランティアをしたことで、先生がたがどれだけ子どもたちのために時間を割いて考えてくれたのかがわかった。現場でどんな工夫をしてくれていたのかも、一部ではあるけれど垣間見ることができた。先生がたの活動を知るにつけ、リスペクトの念は、この一年でものすごく高まった。

＊

そんな渦中のことだ。久しぶりに、頭にカーッと血がのぼる経験をした。

たまたま、小学校の先生がたがコロナ禍でどのような活動をしたのかを報告しあう会を取材することになったときのことだ。

会に先立って子どもたちとその保護者にアンケートが行われており、コロナ禍の学校でも、子どもたちは毎日を楽しいと感じて登校していることが数字で示された。

しかし一方で、親に関しては「学校が何をしているかわからない」「自分の子どもが学校生活を楽しんでいるのかわからない」という回答が前年を大きく上回った。

そのとき、参加していた年配の元教育関係者が、データを見ながら発言をした。その言葉が場を凍らせた。

「子どもの評価が高いのは結構なんだが、『自分の子どもが学校の授業を楽しんでいるか』という項目の点数が、昨年に比べて、ずいぶん低くなっているよね。こんなに数字が低いのは、先生がたの怠慢じゃないか。研究授業とか、ちゃんとしているのかね」

と、一喝したのだ。

ある先生が、

「たしかに、我々の努力不足もあるかもしれませんが、今年はコロナで一度も授業参観できていませんので、親御さんの『わからない』という回答が昨年の数倍になっているんです。今年は研究授業も開催できず……」

と答えたのだが、

「いやいや、面白い授業をしていれば、子どもはおのずと家で『今日、こんな授業があった』と話すはずだよ」

と、説教が続く。

それまで「コロナで大変だけれど、子どもたちのために、これからも情報交換しながら頑張りましょう」と前向きだった先生がたは、みんな下を向いている。

過去に取材したことがある顔見知りの先生がいたのだが、彼女は涙をこらえているように見えた。「自分が感染源にならないように、もう、半年以上、友人にも両親にも会っていません」と話していた先生だ。

どうして、現場で必死に働いている先生がたが、隠居生活で学校の事情も知らない人に叱責されなきゃいけないんだろう。私は、それぞれの発言をメモしながら、悲しい気持ちになっていた。

微妙な空気のまま会はお開きになろうとしていたのだが、最後にと、主催者の方が参加していた取材者たちにも感想を求めてくれた。

この仕事を任せてくれた編集さんの顔がちらっと思い浮かんだ。私が生意気な発言をしたら、編集部に迷惑をかけるかもしれない。でも、ここで何か言えないくらいなら、あとからどんないい文章を書いたって意味がない。そう奮い立たせて、話した。


「取材者としてではなく、一人の息子を小学校に通わせている母親として発言させていただきます」

と前置きして、私はそのときに思っていることを、話した。


「私は今年、子どもを学校に通わせていて、先生がたが、子どもたちの命を守ってくれていることだけでも心から感謝しています。それだけでも感謝すべきことなのに、子どもたちが、この大変な状況下『学校が楽しい、授業が面白い』と感じていることは、本当にありがたいことだと感じています。

親がのぞむのは、子どもたちが楽しいと感じて学校に通うことです。ですから、私たち親の満足度をあげるために余計な仕事を増やさないでもらっていいと私は思っています。

とにもかくにも、先生がた、お体に気をつけて、これからも私たちの子どもをよろしくお願いします」


その言葉が、どんなふうに受け止められたのかは、わからない。会がお開きになったあと、何人かの先生が、

「佐藤さん、さっきは、ありがとう」

と、声をかけてくれた。

顔見知りの先生も声をかけてくれた。

「ありがとうございます。救われました」

彼女はやっぱり、泣いていた。


このことを思い出したのは、保護者会の最後に、クラス委員の人が
「こんな大変な一年間、子どもたちを安全に楽しく導いてくださって、本当にありがとうございました」

と話したからだ。

ああ、あのとき、勇気をふりしぼって話してよかった。そう思った。

彼女のあいさつが終わると、示し合わせたわけでもないのに、それまで画面をオフにして参加していた保護者たちが続々と画面をオンにしはじめた。

パソコンの画面につぎつぎといろんな顔がうつっていく様子は、どんどん花が咲いていくようだった。

画面に向かって頭を下げる保護者、子どもと一緒に手を振る保護者、子どもを呼んで画面に入るように伝える保護者……。

私も、部屋にいた息子氏に「先生に、ありがとうのごあいさつしよう」と伝え、二人で画面におさまりパソコンのカメラに向かって手を振った。

その様子を見た先生がたが、全員の顔を表示しようと、一生懸命パソコンの画面を切り替えている。妊娠を報告してくれた先生は、目がうるんでいる。

誰とも会えなかったけれど、みんなが一堂に会したこの保護者会のことを、私はきっとずっと忘れないだろう。

先生、この一年間、本当にありがとうございました。

四月からも、子どもたちのことを、どうぞよろしくお願いします。

三年生を振り返って

生活が一変した二〇二〇年。緊急事態宣言からの学校休校で、にわかに息子と一緒にいる時間が増えた。ちょうど離婚のタイミングと重なったこともある。乳児のとき以来、こんなに長時間二人で過ごしたことあったか？　というほどの密な二人暮らしのスタートだった。

このころの彼の言葉を振り返ると、ずいぶん幼かったなあと感じる。この書籍では「僕」と書いているが、三年生の彼の口から出る言葉は、私には「ぼく」と届いていた。「嬉しい」も「うれしい」だし、「悲しい」も「かなしい」という文字で耳に届いていたような気がする。

情報が錯綜していたこの時期、ママ友ホットラインがありがたかった。一年生の終わりにサッカー部に入った彼のおかげで、私にもママ友ができた。学校からの宿題の情報、学童の情報、フリーランスの私でも受けられる予防接種の情報などを教えてもらった。何度助けられたことか。

息子も同じだ。サッカー部のコーチが自宅でもできる運動をいち早くzoomで発信してくれた。学校に行けない期間、サッカー部のみんなでオンライン上に集まる時間がどれほど心強かったか。とはいえ子どもたちはゲームを通して毎日ちゃんと会話していたみたいだけれど。

はからずもコロナが自分の住む街や子どもが通う学校での繋がりに目を向けさせてくれたと感じる。私たちの子どもたちは、たくさんの手に守られていると感じた一年。

四年生のキミとママ

2021.04～2022.03

自分で中学校を選んでみたい！

エックスデーは突然きた。

家で平和にお夕飯を食べているとき、突如息子氏が聞いてきたのだ。

「ママ、中学受験ってなに？」

口に運んでいたカキフライにむせた。

「ち、中学受験？」

私、悪いことをしているのが見つかったときみたいに、声がうわずる。

「うん、クラスのみんなが話をしていてさ」

あー、ついにキミも知ってしまったか。中学受験……。


現在、都内に住む小学生の私立中学進学率は二割弱だという。

私は中学受験に対して賛成の立場でも反対の立場でもない。けれど、ママ友たちの話を聞いて、なんだか親の負担が大変らしいという印象は持っていた。

なんでも、塾への送り迎えが大変だとか、毎日二時間宿題に付き合ってあげなきゃいけないとか。

同級生には、すでに進学塾に通っている子も結構いるみたいだ。中学受験のことを、「ちゅーじゅ＝中受」と呼ぶことも最近知った。

仕事がら、ときおり目に入る書籍や雑誌には、「中受の結果は母親の偏差値と努力に比例する」などと書かれている。こ、こわい。

夏休みの宿題は最終日どころか実際の提出日の前日までやらなかった私が、乳幼児期に予防接種をコンプリートするのにうげってなった私が、そんな計画的で継続的な努力なんて……無理な気がする。

というわけで、この問題には目をつぶってきた。うん、息子に何か聞かれるまでは、とりあえず黙っていよう。

で、三年生の三学期。ついに、つかまりました。

のんべんだらりと過ごしていた佐藤家に、爆弾が投下されます。

なるべくなら、私が大変なのは嫌だなーと思う利己心と、いやでも子どもにも機会を得る権利はあるよなーという親心との間で、ほんの三秒揺れました。

が、ここは、ちゃんと話そう。

「いま、キミにはたくさん小学校のお友達いるでしょ」

「うん」

「そのお友達、全員同じ中学校に行くわけじゃないんだよね」

「えー!? 僕たちって、みんな○○中学に行くんじゃないの？」

「うん、そうなんだけど、なかには自分で行きたい中学校を選んで行く子もいるの」

「選ぶ……？」

「うん。ここに行きたいっていう中学校があったら、試験を受けて、合格したらその中学校に行けるんだよね」

「ふーん」

顔をのぞくと、何か考えているようだった。ちょっとした間があったあと、彼は顔をあげ
「僕も自分で中学校を選んでみたい！」

と言った。あー。目がキラキラしちゃってる……。


そっか。うん。わかった。私は、観念した。

その日の夜、私は弟に連絡をした。子どもができたのが私より早かったので、彼の

ほうが先に「中受の親」を経験している。

「息子氏が、中学受験をしたいって言うんだけど。何すればいいんだろう？」

「あら。それはそれは」

と、弟。ここで私は、
・中受のためには、四年生から進学塾に入れるケースが多いこと。
・（やはり）宿題をみなくてはいけない親の負担はかなりあること。
・塾に入るには入塾テストを受けなくてはならず、そのテスト結果でクラス分けされること
といった、基本情報を教えてもらった。

「でもさ、アネキ、つきっきりで塾の宿題見るなんて無理でしょ」

「うん、無理。むしろ、この子が早く原稿の手伝いしてくれないかなって思っていたくらい」

「だよね。じゃあ△△とか□□みたいな、いわゆる有名進学塾はキツいと思うよ」

「あ、やっぱり？」

「んー、ちょっと調べてみるね」

余談だけど、私たち二人の母親の教育方針は、「女は気が強くたくましい子に」、「男は優しく可愛げのある子に」だった。なので、弟はとっても優しいのです。

一時間もしないうちに、また弟から連絡があった。

「いま、同僚に聞いたんだけれど、あなたの家から通えるところで、親の負担がほとんどない塾があるらしいんだよね」

「お！　じゃ、そこにする」

「早っ」

というわけで、さっそく資料を取り寄せた。

「あのね、中学受験の対策をしてくれる塾に入るのには、試験があるんだって」

「えー、僕、絶対受からない気がする」

「うん、どうする？　やめておく？」

私は、最後の希望を胸に、聞く。

「いや、受けてみる」

「……うん、そっか。じゃあ、申し込むね」

そして迎えた入塾試験。

ここで、ちょっとびっくりすることが起きた。

入塾試験が教えてくれたこと

入塾試験から帰ってきた息子氏は、しょぼんとしていた。

「なんかね、難しくてよくわからなかった」

「そっかー。でも、大丈夫だよ。ダメだったらまた受ければいいし、何回でもチャンスはあるから」

「うん……」


このときは、「大手の塾じゃないにしても、それなりに難しいのかな」くらいの認識だった。驚いたのは、不合格通知が送られてきたとき。

小学生でも偏差値って、出るのね。

で、数字を見て驚いた。かの有名なビリギャル様のスタート時の偏差値を、軽く超えていた。いや、この場合、超えていたというのは変か。


いやはや。思い込みってすごい。

よく本を読んでいるし、喧嘩したらすっごくロジカルな反論してくるし、ママはキミが天才なんじゃないかと思っていたよ。
○が数えるほどしかついていない答案用紙を見た息子氏は、試験当日以上にしょぼんとして
「僕、頭が悪いんだ」

と言う。いや、まてまて。それは違う。ここはちゃんと言っておかなきゃいけない。

「いや、ママは、キミの頭が悪いって思ったこと一度もないよ。いつも、キミが話してくれることを聞くと、いろんなことを考えていて、すごいなあって思ってるよ。たんに、こういうテストに慣れていないってだけだと思う」

と伝えた。本心だ。

「どうする？　塾に入るの、やめる？」

と聞いたら、しばらく考えて
「いや、行きたい」

と言う。ふむう。どうしたものか。

最初に相談したのは、当時、週一でオンライン家庭教師をしてくださっていた先生

だ。以前取材させていただいた先生で、去年緊急事態宣言で学校に通えなくなったときからお世話になっている。

家庭教師といっても、教わっているのは学校の授業とは関係なく、ギリシャ神話に出てくる神々のエピソードとか、絶滅危惧種について調べようとか、GAFAと独占禁止法についてとか、そのつど彼が興味を持っていることについてディスカッションをしてもらうような内容だったのだけれど。

私はその先生に
「せっかく楽しい授業をしてくださっているのに申し訳ないのですが、しばらくの間、四則演算を教えてもらってもいいでしょうか」

と、お願いした。

「うーん、息子氏の性格を考えると、いわゆる勉強はまだ先でもいいような気もしますが……。わかりました」

と、承諾してくれる。


が、二、三回授業をしてもらったある日、当の息子が訴えてきた。

「ママ、あのさ。家庭教師の先生に算数を教えてもらうのは、先生の無駄づかいな気がする」

と言うのだ。

「無駄づかいって?」

「いや、せっかく先生とはいつも面白い話をしているのに、その先生から算数を習うなんて、先生の才能の無駄づかいだと思う」

なるほど。うん、まあ、たしかに。

「じゃあ、どうしようか。ママが教えてあげられればいいんだけれど……(締め切りがたて込んでいて、それどころじゃないです)」

すると
「僕、ばあばに教えてもらいたい!」

と、言う。


私の母は、数学の教師だった。

これまでにも、実家に帰ったり、家に来てくれたりしたときは、彼に算数を教えてくれていた。そのときの、ばあばの教え方が、とてもわかりやすいのだという。なるほど。いいかもしれない。

私は、母に事情を話して、ちょっと勉強を見てあげてくれないかと相談した。母は二つ返事で、いいよ、と言ってくれた。

以来毎日一時間、北海道に住むばあばとのＬＩＮＥ電話勉強会が行われている。

「ばあばは、問題文は必ず声に出して読むようにって言うんだ」

と、息子。母に聞くと、

「息子氏、問題を読み飛ばすクセがあるんだよね。だから、面倒でも問題に下線を引きながら音読することと、途中の計算式を書き出す訓練をしている」

とか。

「よくわからないけれど、やりかたは全部お母さんにまかせる。ありがとう」

と、伝えた。


二人は北海道と東京で、それぞれ同じ問題集を買って、ＬＩＮＥのテレビ電話を使って勉強をしている。

母も、最初はどうやってＬＩＮＥで顔うつすの？　パソコンでどうやってＬＩＮＥ開くの？　みたいな感じだったのに、どんどんオンラインコミュニケーションに慣れてきたようだ。最近では実家にホワイトボードのようなものが用意されていて、そこに数式を書き込みながら、教えてくれているらしい。

私はいつも仕事をしながら、隣の部屋からうっすら漏れてくるやりとりを、聞くともなしに聞いている。

この間は、

「すすむくんは、毎日5円ずつちょかねすることにしました」

という声が聞こえてきた。

「ちょかね……？」

と、思ったら、続けて母の声が聞こえる。

「それね、ちょきんって読むんだよ」

……そこからか(笑)。


ばあばと毎日やりとりするようになってから、彼は勉強が楽しくなってきたようだ。

私といるときも、ことあるごとに、質問をしてくる。


「ねえママ、愛知県って、何県？」

「十億円って、何万兆円？」

質問自体がなにやら様子がおかしい。が、わからないことがわかるようになる楽しみを、彼は知ったようだ。そういう喜びを知ってくれることは、とても嬉しい。


「これは、こういうルールだから」

が、納得できない彼は、

「いや、全然意味がわからない。どうしてそうなるの？　理由は？」

と、腹落ちするまで何度も質問をくりかえす。

私だったら、五分ともたないなと思うのだけれど、母は根気よく付き合ってくれていた。

「ここ一年ほどは、結果を急がないで、自分が納得できることに時間をかけたほうがいいんじゃないかと思う」

と、母。

その後も何度か入塾試験を受けたが、合格基準にはほど遠い。

「うん、私もそう思う。正直、お母さんが毎日教えてくれるなら、塾、行かなくていいって思ってるくらい」

そうこうしているうちに、彼は四年生になった。学校での勉強もずいぶん楽しくなっているようだ。


「みてみて。漢字のテスト、１００点だった！」

「計算ドリル、満点だったよ！」

意気揚々と、ランドセルからテストを取り出す。

彼がテストを見せてくれるようになってから気づいたのだけれど、そういえば、これまで私、彼から学校のテストを見せられた記憶がほとんどない。これまで三年分のテストたちは、どのエアポケットに消えていっていたのだろう……。あれかな。のび太みたいなやつかな。そのうち、聞いてみよう。

そんなこんなで。ばあばと二人三脚の日々が半年ほど続き、ああ、塾に入らないにしても、入塾テスト受けてよかったな。勉強の楽しさを知ってくれてよかったな、と思っていた矢先。

塾から、電話がかかってきました。

「合格しました」って。

何度めのトライだったろうか。

複雑な気持ちで彼に合格を伝えたら、いままで一度も聞いたことのないような周波数の音で「やったー！」と飛び上がった。すっごく飛んでた。こんな笑顔、初めて見た。

（もう、塾には行かなくていいんじゃないか）

そう思っていた私は、それは口に出せず

「四回まで体験授業を受けられるんだって」

と伝えたところ

「体験なんていらないよ。僕、入るって決めてるから」

と、おっしゃる。

「でも、入学金払ったあとに、やっぱやーめたってならない？」

と聞くと
「絶対に、ならない」

と言う。


で、ですよね。

母は粛々と、お振込に行きました。


よほど嬉しかったのだろう。家に戻ってきたら、彼は塾に必要な持ち物を指差し確認していた。この先どうなることやらだけど、うん、でも、よかった。

時間をかけて何かに挑戦して、何回か失敗したけれど、何回目かに成功した、という体験が彼をすごく喜ばせていること。それを知れたことは、本当によかったね。


今日、彼は、初めて塾に行く。どうなることやら。

自分を守る言葉

カミソリレターをもらったことがある。中学一年生のときだ。

下駄箱に分厚い封筒が入っていて、「あら。入学したばかりなのに、もうラブレター？」って思った私は、いま以上に能天気な性格だったようだ。

手に持った瞬間、なんか嫌な重さを感じた。じゃりっという音がして、ああ、これは噂の……と思ったから、指を切らないように気をつけて開封した。

中から、カミソリの刃と、左手で書いたり定規を使って書いたりしたような筆跡不明の文字で書かれた便箋が、全部で五枚ほど入っている。少なくともこの学校で五人は、私のことが嫌いなんだなと思った。

中に書かれていた文言はもう覚えていない。

多分「てめえ、おだってんじゃねーよ」とか、そういう内容だったんじゃないかと思う。ちなみに「おだつ」は「調子にのる」という意味の北海道弁である。

手紙の内容は覚えていないのに、あの封筒を持ったときのじゃりっとした質感はいまでもしっかり覚えている。ああ、いまから嫌なことが始まるんだなという、そういう予感がする重さだった。

いま思い返せば、あれは、いじめだったのかなと思う。けれどもそのできごとを、私はリアルタイムでは誰にも話さなかった。

なぜそんな昔のことを突然思い出したかというと、今日の取材が「子育てと自己肯定感」についてだったからだ。

たとえば、いじめにあったとき。社会に出て、理不尽な扱いを受けたとき。幼少期にたっぷりと親から愛情を与えられてきた人は自己肯定感が養われ、そうでない人に比べて、困難から立ち直りやすくなる。一般的にそう言われているようだ。それを聞いてふと思った。

カミソリレターをもらった私が、心を病んだり、学校に行けなくならなかったのは、自己肯定感が高かったからだろうか。親に、かわいいよ、愛してるよ、大切だよと育てられたからなのだろうか。なんとなく、そうではないような気がしている。

少なくとも、それだけではないような気がしている。

時代的なこともあるし、田舎ということもあっただろうが、昔は「自分の子どものことは、けなしてなんぼ」みたいな空気があったと思う。

特に小学校の教員だった父親は私と同じ学校に勤めていたから、「自分の子どもには甘い」と言われないようにだろう、いつも見せしめのように人前で厳しく叱られていた。

子ども心ながらに「理不尽だな」と思っていたけれど、一方で「まあ父の立場もわかるしな」とも思っていた。

もちろん、両親の愛情はちゃんと感じていたと思う。でも、それを表立って出しにくい職業についていているんだなと考えるあたり、結構冷めた子どもだったのだろう。

カミソリレターをもらったときの話に戻る。

ではその瞬間、私の心をぷるんと包んで守ってくれたのは何だったかというと、これははっきり覚えているけれど、小説だ。

私が中学に入ったころは、ライトノベルというジャンルが確立され、中でもコバルト文庫では、氷室冴子さん、前田珠子さん、新井素子さん、藤本ひとみさんといった錚々たる書き手が中高生向けの書籍を書いてらした。

男子はジャンプ、女子はコバルトというくらい、私たちはその世界観に没頭し、みんなで本を貸し借りしあいながら、連作を読み漁った。

ジャンプが「友情、努力、勝利」をテーマにしていたとしたら、当時のコバルト文庫で提示されていた価値観は、その時代にそんな呼び名はなかったけれど紛れもなく、「女子の自立と自己肯定感」であった。

コバルトの作家さんたちが提示する「モノを言う」女の子の主人公たちに憧れ、自分を大切にすることや、ここにしかいない自分を肯定することを教えてもらった。

折しも、中学校に入る直前に読んだ物語が、主人公の女の子の家のポストに、毎日「私はお前が嫌いだ」という手紙が入っているという話だった。

どこの誰に嫌われているかわからず落ち込む主人公を、彼女を取り巻く大人たちが慰める。いや、慰めるというか、あれはむしろたしなめるに近いシーンだった。

「キミのことをこんなに愛している仲間が何人もいるのに、キミは僕たちのことよりも、その誰だかわからない人の言葉を信じて落ち込むの？　それは、僕たちに対して失礼じゃない？」

そうか。そうなのか。

誰かもわからない人の言葉に傷つくことは、自分を大切にしてくれる人に対して失礼にあたるんだな。これは、衝撃的だった。

カミソリレターを開いたとき、本の登場人物の声が耳元で聞こえた気がした。まだ身長が140センチにもなっていなかった小さな私は、人生をやりくりするための一番大事なことを、この日、決めた。

私は、どこの誰かわからない、名前も名乗らない人の思い通りに落ち込んでやったりしない。自分を嫌う人のために、自分の生き方を変えたりしない。

もし私が、心を痛めることがあったときは、それは私が好きな人を傷つけたときだ。そのときは猛烈に反省して猛烈に落ち込もう。

私のリアクションがないことがつまらなかったのだろうか。それとも、他にターゲットを見つけたのだろうか。月に一、二回、思い出したように下駄箱にカミソリレターが入っていることが、数カ月続いたのち、その行為は終了した。

差出人は最後までわからなかった。

先日息子氏が、号泣しながら学校から帰ってきた。こういうことは、過去にも一、二度あった。これまでは、泣きじゃくりながらも、学校や遊び場で何があったのか話してくれていた。でもこの日は違った。

「今日のは話したくないから、聞かないでほしいし、自分で考えてなんとかしたいから心配もしなくてよい」

と言う。なるほど、と思って私は、

「じゃあ、困ったことがあったら声をかけて」

と伝えて仕事部屋に戻った。しばらく隣の部屋からすすり泣きが聞こえてきたけれど、お夕飯を食べるときには、けろっとしていた。

結局、その日何があったのかは、いまでも知らない。


私は彼をとても愛している。そしてそれを、比較的頻繁に声に出して伝えてきた。それが彼にとって、なんらかのセーフティネットになっていればいいなとは、思う。そのことで、彼の自己肯定感が高まるのであれば、それもいいなと思う。


でも、それとは別に。

彼が彼自身の頭で考えて、自分の身を守ったり、人を思いやったり、反省したり、スルーしたりできる方法を身につけてくれたらいいなと思う。

私にとって、その方法を知るきっかけは小説だった。その小説の言葉が、中学生から四十五歳までの私をずっとしっかり支えてくれている。

これから彼が、そんな言葉や物語に、自分の足でたどり着いてくれたらいいなと願っている。

任天堂さん、ありがとう

息子氏が、先日初めて手紙を書いた。というか、正確に言うと「封筒に宛名を書いて封をして、切手を貼って投函をする」という作業を、初めて行なった。封筒に書いた宛先は京都府の宇治市槇島町薗場。大人の私だって、何て読むのかわからない。「まきしまちょうえんば」というらしい。任天堂のサービスセンターである。

よくやっていたゲームのカードが、スイッチに読み込まれなくなった。そのカードを修理に出したいという。

「え？　わざわざ修理センターに送るの？　時間もかかるし買った方が安くない？」

という私に、

「いや、買ったら四〇〇〇円以上する。修理は三〇〇〇円くらいなんだよね」

と、答える。ネットで修理の値段を見たらしい。

修理を依頼する場合は、郵送する前にオンラインで申し込みをしなくてはならないらしく、私にその手続きをしてほしいと言う。私が修理依頼の送信ボタンを押そうと

したら、
「その前に『修理内容が三一五〇円を超える場合は、連絡を希望する』というところを、ポチっとしておいて」
と指示される。高すぎる場合は、修理をあきらめて、再購入するつもりのようだ。へええ、ちゃんと調べているんだなと感心する。

これまで一度も手紙を出したことがない彼は、「住所ってどこに書けばよいの？」と聞いてくる。

国語の授業で習わないんだろうか。いや、習ったとしても、こうやって自分のためにそれを使うまで、知識なんて身につかないものだよな、と思う。大人だって同じだ。切羽詰まって初めて、いろんなことを覚える。

「任天堂って京都の会社なんだねえ」
と言いながら、彼はｉＰａｄのディスプレイに表示されたくだんの住所、京都府宇治市槇島町薗場という部分を、ピンチで拡大して一生懸命書き写している。

最初シャープペンで書いていたから、
「封筒に書くなら、ボールペンの方がいいよ。住所が消えちゃったら迷子になっちゃうでしょ？」

と言うと

「えー、そんなの最初に言ってよー」

と、訴えてくる。ゴシゴシと消しゴムで消し、ボールペンで書き直しをする。

楽しいから、口出しせずに好きにさせていたら、住所と宛先が封筒の超絶隅っこに書かれた宛名書きが仕上がってきた。消え残ったシャープペンシルの薄い文字に、ボールペンの文字が重なって読みにくい。封筒の五パーセントくらいの面積に、宛名まで全部おさまっているその小さな字が可愛い。

封筒の上部詰め詰めで住所が書かれているから、郵便番号を書くスペースも切手を貼るスペースもない。結局、住所、宛名、その下に郵便番号を書いて、さらにその下に切手を貼った。なんとも不思議なレイアウトの封筒を、彼はポストに投函しにいく。

まあ、多分、届くだろう。

任天堂のみなさんはきっと、こうやって「子どもの初めてのお手紙」をいっぱい受け取っているのだろうな。それを想像すると、なんだかほっこりとした気持ちになる。素敵なお仕事だなあ。

カード入りの封筒を投函してから、しばらくたった。私も彼もそのことを忘れかけていた頃、我が家に任天堂様からの荷物が届いた。

「お、届いたよ!」

と彼に言うと、すぐに開封をする。

中には新しいカードが入っていた。修理明細表の通信欄には、「水分の影響による腐食がみられ、正常に読み込みできない状態でした。以下の費用にて交換させていただきました」と書かれていて、三〇〇〇円の部品代が請求されている。

明細表を熱心に見ていた彼は、

「腐食ってなに?」

と聞いてくる。

「水が入って腐っちゃったみたいだね。多分、サビができたんじゃないかな」

と伝えた。

「濡らしちゃったのかなあ」

と、彼は言う。そしてさらに明細を見ながら
「ねえ、ここに『この度はご不便をお掛けし申し訳ございませんでした』って書かれているよ。僕の不注意で濡れちゃったんだから、謝ることないのにね」

と、言う。

「たしかに、そうだね。でも、息子氏の不注意なのか、もともとカードに問題があったのかはわからないから、そういう書き方しているんじゃないかな」

と私が言うと、なるほどと納得している。

Ａ４の紙に印刷されただけの修理明細表だけれど、彼は任天堂さんからお手紙を受け取ったような気持ちなのかもしれない。お返事もらえてよかったね。


戻ってきたカードをスイッチに差し込みながら
「任天堂って、日本で一番大きい会社なんでしょ？」

と言うから、

「え？　そんなことないと思うけれど、大きいって何が？」

と聞いたら
「お金」

と言う。時価総額のことだろうか。

「いや、多分、一番ってことはないと思うけれど、何が一番？」

と聞くと
「売るやつ。儲かっているかどうか」

と言う。

「売るやつ？」

頭が？？？となった私は、検索をした。

検索をして、なるほど、お金って株価のことかと気づく。たしかに任天堂の株価は日本で一番に準ずるくらい高くなるときもある。
私は時価総額と株価の違い、売るやつ（売り上げ台数）と儲かるやつ（利益幅）の違い、会社が「大きい」とは、何を基準に測るかなどについて彼に説明しようと思って、あれ、ちょっと待てよ、私もちゃんとよくわかっていないなと気づいて、いま頭を整理している。私もこういうの、全然勉強してこなかったな。

封筒にちまっと書かれた文字を思い出す。
私も彼も同じだなと思って、ちょっとおかしくて笑っちゃった。

人は自分が知ろうとしたことしか身につけられないものなんだな、と思う。習ったはずなのに、聞いたはずなのに、耳をすり抜けていく情報はあまりに多い。

彼にカードの修理方法を調べさせ、初めて手紙を書くことを覚えさせ、明細を読むことを知らしめ、その企業について調べる好奇心を持たせてくれた。そして私に株価と時価総額、販売個数と利幅について考えさせてくれた。
任天堂さん、ありがたや。

扉を開くかどうかは、彼にしか決められない

仕事がら、インタビュー相手の親御さんの話を聞く機会が多い。

どんな方だったのか。どんな教育方針だったのか。何を大切にしなさいと言われて育ち、どんなエピソードがあり、どんな影響を与えられたのか。

いろんな人たちに、そんな質問をしているうちに気づいたことがある。

私が、「こんな才能、どうやったら育てられるんだろう」とか「もう、大好きすぎる！　愛してしまう！」と心の底から尊敬する人に限って、親御さんがかなり変わっていることが多いのだ。

変わっているというと、むしろ聞こえがよすぎるかもしれない。

聞くのも苦しいくらいの毒親だったり、教育熱心がありあまって体罰に発展していたり、一度も褒められたことがなくて自己肯定感がゼロだと自己申告した人もいるし、

親が食事を与えてくれないので物乞いして食いつないでいたという人もいる。父親や母親が何回も変わったという人もいたし、親戚をたらいまわしにされていたという人もいた。

こういう話を聞くと、教育っていったい何だろうと考えてしまう。親の教育や環境よりも、本人の持って生まれた素質のほうが強いのだろうか。

もちろん、体罰やネグレクトを肯定するわけではない。できれば、子どもが自己肯定感を育てられる環境を作ってあげられたら良いとも思う。

だけど、私が尊敬する人たちは、必ずしもありあまる愛情を親から受け取って育ってはいなかった。

本人たちにとっては辛いことも多かったと思う。それでも。

それでも、と思ってしまうのだ。厳しい環境に置かれ、それでもこんなに大きく開花する、その折れない根っこはどのように生まれ育まれてきたものなのだろうか。そんなことを考えだすと、答えが出なくてぐるぐるする。

私は、よきにつけ、悪しきにつけ、子育てが大雑把だと言われる。

一カ月健診でも半年健診でも、「何人めのお子さんですか?」と聞かれたくらい、子ども扱いがアバウトだったらしいし、子育て本のようなものも（仕事関係の本以外は）読んでこなかった。

強い信念を持って放任主義を貫いているわけでは全然ないけれど、どこかにうっすら「子どもの個性は、親の思惑を軽々と超えていくんだろうな」という感覚がある。私がいろいろ与えたり奪ったりしたところで、この子の個性にはかなわないんだろうなと思うのだ。


私が息子と、成績や進路について話をしてこなかったのも、多分「まあそのうち、本人がやりたいとか、やりたくないとか言い出すだろう」と思っていたところが大きい。扉の前まで連れて行ったとしても、扉を開くかどうかは、本人にしか決められない。そんなふうに考えているふしがある。

だから本人が何かに興味を持つまでは、なるべく大きな事故に遭わないように気をつけること、あったかいご飯を食べさせることと、好きだと思ったときはめいっぱい好きだと伝えること。そのあたりだけを意識してきた。


先日、はっきりと自分の考えを言う息子氏の発言を目の当たりにした先輩ママに、「もう少しやわらかい言葉の使い方を教えてあげないと、学校でいじめられたりしない？」と心配された。

こういう言いにくいことを伝えてくれた先輩には、本当に感謝している。そして彼の発言が、人を傷つけるような刃を持っていたら、それはちゃんと指導しなきゃいけないと思う。

その一方で。

自分が何を好きだと思い、何を変だと感じるのか。それをどれだけはっきり表現するのか、にごすのか。そのさじ加減は、彼が自分で決めていけばいいんじゃないかなとも思う。

周囲に合わせるほうがいいと感じるか、浮くほうが心地良いと感じるか。それはもう、私が決めることではないというか、彼にとってどちらが幸せでどちらが苦なのか、私には想像がつかない。

それくらい、私と彼は、別の人間だ。

親の助けが欲しいときは、多分、そう伝えてくるだろう。そのときはもちろん、できる限り応援したいと思う。

でも、転んで痛いと思わないと、学べないこともあるだろう。そう考えるのは、十歳の子どもに対して酷なんだろうか。

答えの出ないことをぐるぐる考えている夜なのです。

進学塾、その後。

「あのう……。話があるんだけど、お母さん、怒らずに聞いてくれる？」

ある夜、息子氏がそう切り出してきたとき、彼が何を言うかはだいたい想像ついてたよね。

私が頷くと、彼は私の目をまっすぐ見て、

「ごめんなさいだけど、塾、やめたい」

と言った。そして、私が口を開く前に
「わかってる。僕、入塾試験に受かったとき、ママに『体験授業受けなくていいの？あとでやっぱりやめたいって言わない？』って聞かれて、『ぜったい言わない』って答えたよね」

と弁解した。

「うん、そうだったね」

「あれ、すごく後悔してる。だから、僕が悪い。けど、やめたいんです」

三年生の三学期、息子は中学受験をしたいと言いだした。そして、塾の入塾試験にやっと受かったばかりだった。彼が塾に通い始めてから一カ月が経つ。回数にして八回くらいか。

やめたい理由を聞くと、授業に全然ついていけないと言う。ついていけないから、宿題もよくわからないそうだ。

たしかに塾の宿題は多かった。もともと家庭にはそれほど負担がかからない塾だと聞いていたけれど、それは、塾が終わったあと、みんな二十一時まで居残り学習をして宿題を終わらせて帰るかららしい。

しかし、授業についていけていない彼は、居残り学習でも何をやっていいのかわからず、「あそこにいるくらいなら、ばあばに宿題を教えてもらったほうがいい」と、家に戻ってきていた。

塾に通うようになってからは、北海道に住むばあばに、オンラインで宿題を教えてもらうのが日課になっていた。

突然、都会の中学受験に巻き込まれたばあばも大変である。

私の母は、元数学の教師だ。小学校に勤めていたこともある。しかし、七十二歳になってまで

「電池の直列と並列って何?」

とか
「信濃川の次に長い川って何県にあるの?」

とか、聞かれることになるとは思っていなかっただろう。

私はというと、彼が塾に入ってから、楽しみだったボルダリングに一緒に行けなくなった。

「そんなことやってたら、宿題終わらない」

と言うからだ。

私も、正直言って、これでいいのかなあと思っていたところだ。

さて、どうしたものか。

このときは
「キミの気持ちは、よくわかった。ただ、まだ塾に入って一カ月だよね。だからついていけないのかもしれない。とりあえず、夏期講習が終わるまでは通ってみようか。そこまで通っても嫌だと思ったら、また話して。そのときは、やめることにしよう」
と言ってみた。彼は、こくんと頷いて、自分の部屋に戻っていった。

誰に似たのか、息子は昔から時間に対して厳格だ。

サッカーの練習には誰よりも早く到着するし、夏休みの宿題は最初の数日で終わらせる。毎日の日記まで、七月のうちに適当に書き終えてしまう（ダメだろ）。やるべきことが終わっていないと落ち着かないらしい。爪の垢を煎じて私に飲ませてほしい。

でも、そんな彼だからこそ、塾の宿題はプレッシャーだったようだ。

「だって、習ってないことを聞かれるんだよ！」

と泣きついてくる彼に

「いやでも、中学受験だけじゃなくて、社会に出てからも、習ってないことしか聞かれないよ。いまわかっていることを組み合わせて想像したり、自分で調べたりすることが大事なんじゃないかな」

と、伝えてみる。

が、そう言いながらも、本当に？　と自問している自分がいる。

自分が知っていることを組み合わせて、自分が知らないことに対して予測を立てる。それができるのって「考えることが面白い」と思えるようになってからじゃないか？

その前に知ることや考えること自体を嫌いになっちゃったら、元も子もないのでは。

たとえば彼は、三角形の内角の和は１８０度です。この三角形のひとつの内角が50度、もうひとつの内角が70度のとき、残りの内角は何度？　という問題があったとき、「三角形の内角の和は１８０度です」の一行目でつまずく。

どうして１８０度なの？
どうやって証明したの？
毎回１８０度って言えるの？
ひとつの例外もなく、必ず？
みたいなことが気になるようだ。

「１８０－70－50＝60」と、何の疑問も持たずに計算できた私とは違う。そして何より。私は、この疑問を持つことができる彼の能力を素晴らしいと感じている。それが、中学受験をすることによって失われるのではないかということを恐れていた。

母も子も、悶々としながら過ごしていた六月のある日、決壊が訪れた。

学校から帰ってきた気配がしたので、仕事部屋を出て覗いてみたところ、息子が玄関で派手に泣いていた。

「どうした?」

と聞くと

「今日、塾に行きたくない」

と言う。

「その話は、前にもしたよね。夏休みが終わるまでは通うってお約束しなかったっけ」

「そうなんだけど、もう、限界なんだ」

「どんなところが?」

「僕、頭が悪いから、塾にいる間、先生が何を言っているのか全然わからないんだ」

「……」

「だから、あそこにいても、ただ座っているだけで本当につらいんだよ」

「でもそれは、キミがみんなより遅れて塾に入ったから、いまはまだわからないだけじゃなくて?」

「いや、ちがう。だって、僕と一緒に入ってきた子はもう上のクラスに行ってる。僕、頭悪いんだよ」

「うーん、でも前にも言ったけど、ママはキミが頭悪いとは思わないよ」

「それは僕がママの子どもだから、ママがそう思うだけだよ。僕、バカなんだよ」

よく見ると、泣いてるだけではなくて、ときどきチックが出ている。これはもう、無理に通う理由、ないんじゃないかと思う。

「わかったよ。じゃあ、これからどうしたいの?」

と聞いた。

「僕は、ばあばと勉強したい。ばあばの勉強は、『つみあがってる』って気がするんだ」

「つみあがってる?」

「そう。僕が算数や国語が少しずつ点数良くなってきたのは、毎日ばあばとつみあげてきたからだと思うの」

「うん」

「だから、これからは毎日ばあばと勉強したい。ばあばとがんばる」

私が彼に
「わかった。じゃあ、そうしよう。でも、ばあばがいいよって言ってくれたら、ね」

と答えると、彼は顔をあげて
「うん、お願いしてみる」

と、言う。さっそく、ばあばに電話をしたようだ。

「ばあば、いいって!」

さっきまで涙で濡れていた目が、いまはキラキラしている。そして

「今日は？　今日は塾に行かなきゃだめ？　今日からばあばと勉強するのじゃだめ？」

と、上目づかいで聞いてくる。

「うん、いいよ。じゃあ、塾やめる手続きするけど、いいかな？」

と言うと
「やったー！」

と笑顔になる。そして
「ママ、また、一緒にボルダリングに行けるね」

と言う。小悪魔か。


こうして、入塾対策に半年かかった佐藤家の塾通いは、二カ月も経たずに終わりを迎えた。

その日の夜、私も母に電話した。母は、

「私も塾はやめてもいいんじゃないかなと思ってたんだよね」

と言う。

「息子氏、理由がわからないと前に進めないタイプだから。一度あれっ？　って思うと、先生の話が耳に入ってこないんだろうね」

と、母。

「うん、私もそんな気がしてた。というわけで申し訳ないんだけど、毎日付き合ってくれると嬉しい。ルールはお母さんが決めてくれていいから。そのルールは遵守させます」

と、私。

「あと、ご負担おかけしますが、なるべく、長生きしてくれるとありがたいです」

と伝えると

「うん、それ、息子氏にも言われた」

と、母は笑う。

退塾したあとも、家には入金した月のぶんまでのテキストが郵送で届いた。彼はそれを大事そうに自分の部屋に持っていく。ばあばとひとつずつ「つみあげる」のに使うようだ。

夏休みは、北海道のばあばの家で、「強化合宿」するらしい。仕事ですぐには行けない私を置いて、彼は一人で実家に前乗りする。

小学四年生。

いやはや、この先どんなことが、待ってるのだろう。

残ってしまう過去

Ｆａｃｅｂｏｏｋの機能で、一年前の思い出です、二年前の思い出です……という案内がくる。

クリックすると、昔の写真とそのときどきに書いた長かったり短かったりする私の文章がアップされていて、「うわあ、懐かしい」と思うときもあれば、「すっかり忘れていたけれど、こんなこともあったなあ」というときもある。

息子氏はいま十歳。彼が生まれた直後にＦａｃｅｂｏｏｋを始めたので、このＳＮＳが彼のアルバムのようにもなっている。記録していなければ、完全に忘却していたであろう些細なやりとりも、ＳＮＳの機能が強制的に思い出させてくれる。

そしてそのたびに、忘れずにすむことの便利さと危うさについて考えてしまう。

「過去の出来事を忘れることができる」ことと「過去の記憶を（意識的にも無意識的にも）塗り替えてしまう」ことは、人間が持って生まれた優れた能力だと私は思う。

忘れたり、自分に都合よく過去を書き換えたりする機能が脳にあったからこそ、人は失う悲しみや失敗した恥ずかしさに狂うことなく、何度も人生をリセットしながら生き続けることができたんじゃないかと思うのだ。

だから、考えてしまう。

何年も前の写真やエピソードがリフレインされる時代に育つ子どもたちは、忘れることや、過去を書き換える能力をキープしたまま大人になれるのだろうか。

SNSに残された子どもの記録は、あくまで親目線の記録だ。

面白おかしくするために話を端折ったかもしれないし、話を盛ったかもしれない。子どもの写真だって可愛く撮れるまで十枚も二十枚も連写したうちの奇跡の一枚だったりする。

そこにあるのは「親目線で切り取られ編集された思い出」であって、「まんま」ではないんだよな、なんてことを考える。


のちのち彼らが大きくなったとき、これらをどんなふうに読むのだろうか。その記録が残っていることを、嬉しく思いながら読むだろうか。それらの記録に触れることによって、自分にとって大切な記憶が親都合の記憶に塗り替えられていったりはしないだろうか。特に、この連載を始めてから、記録を残すことのよしあしについて考えることが多くなった。

SF小説家、テッド・チャンの小説集『息吹』の中に、『偽りのない事実、偽りのない気持ち』という短編がある。その小説の世界では、過去の経験がすべて映像で記録されている。

たとえば、「あなた、あのときはこう言ったじゃない!」と口論になったら「じゃあ、リメン(検索ツール)で検索してみようよ」となって、そのときの映像が目の前に映し出される。

リメンという検索ツールがある世界では、過去の自分の暴言も悪行もぜんぶ記録されている。だから、言い逃れできない。片方が都合よく忘れようとしたことも、もう片方が許していなければ、何度でも目の前に再現させられる。

もちろん、リメンには幸せな記録も残る。でも、すごく幸せだったはずの記憶が、十年後に検索し直したら、意外と自分の勝手な思い込みだったということもあるだろう。別れた恋人からの愛の言葉なんて、あとから見返したら辛い以外の何ものでもないかもしれない。

人の脳は、覚えておきたいことだけを都合よく覚えていることで、前に進むことができるのかもしれない。

今日、この小説のことを思い出したのには理由がある。

オリンピックである。

いま、この原稿を書いているのは二〇二一年七月二十二日の早朝だけれど、この一週間だけでも、開会式まわりの人選について何度も疑問の声があがり、そのたびにいろんな人がいろんな見識を語っている。

私も、彼らが過去に語った言葉や、過去に作った創作を見た。その内容に関しては多くの人たちが語っているので、ここでは言及しない。

いま、私が考えているのは、私や私の子どもたちは、「過去を〝なかったこと〟にできない」時代に生きているのだなということだ。

今回の話でいうと、小学生時代のいじめ（インタビューに書かれていたことが事実であれば、虐待と言っていい話だと感じた）と、それについて語った約二十年前の記事が、現在の人生に干渉してきたといえる。

これまでも、過去の「行い」の積み重ねが、いまの自分の現状となっていることは、私たちもなんとなくわかっていた。人を騙したり欺いたりすると、いつかそれは自分の首をしめることになる感じは、経験としてわかっていた。

だけど、過去の「記録」が、いまの自分の現状をひっくり返す時代になることを、ここまで真剣に想像できていた人は多くないのではないかと思う。過去の「行い」だけではなく、過去の「記録」も未来永劫、自分の人生に影響していく。そして、過去の記録が消えない以上、人々の忘却を待って人生をやり直すことは非常に困難になっていく。

この事実は、これから私たちの生活に、とても大きな影を落としていくと思う。たとえば私はインタビュアーなので、いま、私が書いている記事が、いつかその取材相手の不利益になるかもしれないことを、いままで以上に意識して書くことになるだろう。

もちろん、いじめや虐待に関しては、二十年前もいまも許されるとは思っていない。でも、あの記事が武勇伝のような口調で公開されたのは、少なくとも当時のインタビュアーがそれを面白いと感じたからだろうし、それを面白がって読んだ人がいたからだ。私たちがいまは面白いとか珍しいと思って伝えていることが、何十年後かに社会的に完全アウトになる可能性がないとも言えない。

子どもについて書いているSNSだって同じだ。いつか、その文章が彼の人生を左右することがあるかもしれない。いままでもそれは意識していたけれど、これからはこれまで以上に、「残ってしまう過去」について考えていくことになるだろう。

「待てる親」になりなさい

昨年亡くなった父は、小学校の教員だった。

あれはいつのことだったか。上京した父と一緒に公園の近くを歩いていたときのこと。少年野球をしているグラウンドのほうから、コーチらしき男性の大きな声が聞こえてきた。

「どうしてそんな大事なところで、ミスするんだよ！」

その声を聞いて、父は顔を曇らせた。

「子どもだって、ミスしたくてしてるわけじゃないよなあ。『どうしたらミスしなくなるのか、教えて、先生！』って言いたい気持ちだと思うよ」

父は、子どもたちが「できない理由」を、とことん考える人だった。

たとえば、「昨日の遠足、どうだった?」と聞くと、クラスの子たちは我先にと感想を伝えようとするのに、それを作文に書いてというと、突然固まってしまう。

話し言葉と書き言葉にはどんな違いがあるのだろう。何が子どもたちを書けなくさせているのだろう。

そう考えた父は、独自の作文指導法を考えた。たとえば語彙を増やすゲームをするとか、正解不正解のある助詞を使わないとか、型を教えてそれに当てはめてみるとか。子ども目線で考えられた作文メソッドは、物書きの私から見ても、とても斬新で本質的で勉強させられた。


息子氏が左利きであることを、最初に見抜いたのも、父だった。

あれは彼が三歳になるころのことか。実家に連れて帰ったときに、母と私で彼をテニスコートに連れて行ったことがある。私たち家族は全員ソフトテニスをするので、息子にもラケットを持たせてみようと思ったのだ。

ところが彼は、驚くほどの運動音痴だった。ボールが目の前をゆきすぎてからしばらくたって、ラケットを振る。いち、にっ、さん、と声をかけるが、タイミングが全然あわず、ラケットにあたる気配がない。


家に帰ってからそのことを父に伝えると、「ふーん」と聞いていたが、次の日、父は彼をテニスコートに連れ出した。

私はそのとき、同行しなかったのだけれど、帰ってきた父は、

「ゆみ、この子、左利きだぞ」

と言ったのである。

父はどうしてラケットにボールが当たらないのかを観察していて、はたと、右手では打ちにくいのかもしれないと思ったそうだ。

ラケットを左手に持ちかえたら、突然ボールが打てるようになったという。

それまで、自分の子どもが左利きかもしれないなんて考えたこともなかった。運動神経が鈍い子なんだなと思った私と違い、父は、できない理由はなんだろうと考えた。さっさと子どもの限界を決めて見限った自分が恥ずかしくなった。

このころから彼は、スプーンもクレヨンも左手で持つようになった。テニスラケットを振った感覚から、こっちのほうが楽だ、と気づいたのだろう。

九九を教えているときもそうだった。

「かけ算が嫌いだと言って、やりたがらないんです。家でも勉強を見てあげてもらえますか」

と担任の先生に呼び出されたくらい、彼は九九が言えなかった。

これまた実家に帰省したとき、元数学教師の母が根気強く九九を暗記させようとしてくれるのだが、何日たっても覚えられない。最後には癇癪をおこす息子を見て

「私、これまでの教師生活で、ここまで九九が覚えられなかった子、初めて。ひょっとしたら数字に対する認識に障害みたいなものがあるのかもしれない」

と、母は言った。

「そっかー。じゃあ、今度専門のところに相談してみようかな。東京戻ったら、考えてみる」

と、私は答えた。


そんな私たちの様子を何日か見ていた父は、ある日、

「息子氏、じいじとかけ算やってみようか？」

と、声をかけた。そして、

「にいちが？」

と、問いかける。彼は、

「2」

と答える。

「ににんが？」

と聞くと、

「4」

と答える。

驚いたことに、彼は、そのますすらすらと2の段を答えていった。3の段も4の段も同じだった。父は、私を振り返って言った。

「この子、かけ算はわかってるよ。九九が言えないだけで」

どうやら息子氏は、「ににんが」とか、「しろく」と言った特殊な言い回しが覚えられないだけで、「2×2＝4」「4×6＝24」は、理解していたようなのだ。母と私は、びっくりして顔を見合わせるだけだった。じいじに認められたのが嬉しかったのか、彼はその日から少しずつ九九の暗唱に前向きになっていった。

父は、教育者ではあったけれど、私の子育てにはまったくといっていいほど口を出さなかった。

ただ、「待てる親になりなさい」という言葉は、何度か言われた。「親にとって、一番大事なことは、待つことなんだよ」と。

お盆のころ、ふいに思い出した父の言葉の話でした。

「生まれ変わっても、また、教員になりたい」と言って死んでいった父でした。

母親のややこしい葛藤

「僕は勉強が好きじゃない。すごく辛いし、向いてないと思う」
と、涙目で言われたら、なんて答えればいいんだろう。

夏休み中のことだ。息子氏が、
「僕は、勉強の才能がないと思う」
と訴えてきた。

小学四年生の夏休みは、中学受験のスタートラインなどと言われる。周りのお友達も、夏休みは塾通いをしている子が多かったようだ。

中受の塾から離脱した我が家はというと、北海道の実家に帰っていた。そこで息子は、「ばあばと一緒に、毎日三時間勉強をする」という約束をして、オリンピックをちらちら横目で見ながら、宿題やらワークやらをやっていた。

できる問題もだいぶ増えていたし、今日は朝のうちに三時間終わらせた。今日はここまで進んだと報告してくるので、少しずつ勉強が楽しくなっているのかな、と勝手に思っていた。

どうやら、そうではなかったらしい。

「好きでやっているわけないじゃん。いまだって、三時間の約束を守らないと、スイッチもYouTubeも見せてもらえないから、イヤイヤやってるだけだよ。勉強しなくてもいいなら、絶対にしないよ」

と、のたまう。

「でも、ママは、勉強しなければゲームさせないと言ったことは一度もないよね？」

と答えると
「じゃあ、一分も勉強しなくても、ゲームしていいわけ？」

と聞いてくる。

「うーん……そうねえ……」

と口ごもると
「ほら、やっぱりそうでしょ。いいんだよ。『三時間やらなきゃ、ゲームさせない』ってはっきり言えばいいんだよ。僕、ちゃんと勉強するから」

ぐうの音も出ない。

「勉強しないなら、遊びに行かせません」と、のび太のママのようにきっぱり言えたら、話は簡単だ。だけど、それを言う母親になりたくないという気持ちが、話をややこしくする。

逆に「勉強なんかしなくていいよ。好きなだけ遊べばいい」と心の底から言えたら、それはそれで幸せだと思う。でも、そうはっきり言い切れるほど私は肝が座ってない。

私自身も、しずかちゃんや出木杉くんのように、何も言わなくても勝手に勉強するタイプだった。だから、彼にとって、何が一番よいアドバイスなのか、見当がつかないのだ。

この私の葛藤は、解決策のないまま、この夏休みの間じゅう、ずっと続いた。

その間も、彼は「三時間の勉強、それ以外はゲームとＹｏｕＴｕｂｅ、そして私と行くプール」という生活を淡々とくり返していた。

後ろ髪引かれる思いだったけれど、出張が入っていたので、私はそのまま北海道の実家に彼を残して帰京した。

ときどきばあばに悪態をつきながら、それでも毎日、勉強をしながら（ときどきサボり）過ごしていた夏休みだったらしい。

私には弟が一人いる。彼も、出木杉くんタイプだった。

というか、当時弟が通っていた学校に勤務していた父が言うには、父親の教員人生で一度も見たことがないほどのＩＱを叩き出していたらしい。

私たちが育った家には、父の趣味である西村京太郎さんのミステリーが一〇〇冊近く並んでいたのだけれど、小学校低学年の弟は、それを全部読破していた。背表紙を指差すだけで「この本の犯人の名前は〇〇で、トリックはコレ」と、そらんじる。

うっかり同じ本を読んでは、最後の十ページになって「あれ？　これ読んだことあるな」と気づく私とは、脳の作りが違うと思った。

当時のことで、鮮烈に覚えていることがある。母が、あらためて話があると私を正座させたのだ。

「あのね、お父さんとお母さんは学校の先生だから、人間はみんな平等だと学校で教えます。でも、平等ではあるけれど、それぞれの能力には差がある。あなたも気づいていると思うけれど、同じように育てても、あなたと弟はずいぶん違った能力があると感じています。でも、弟のように頭が良くなくても、ゆみにはゆみの別の素敵な才能があると思うから、それでいいんだよ。弟と比べることはないからね」

そんな話だった。私が小学校五年生、弟が二年生のときだった。

ちなみに
「別の素敵な才能って？」
と聞くと
「明るいところとか、元気なところとか」
と言われた。

後年、この話を母にしたところ、「全然覚えてないわー」と言っていたけれど、私ははっきりと覚えている。このときに、大げさかもしれないけれど、人生全般に対してすごく肩の荷がおりたというか、すっと気持ちが楽になったのだ。

別に、それまで辛かったわけではないし、弟と自分を比較して落ち込んでいたわけでもない。でも、母の言葉で、私は楽になった。

そっか。

別に頭の良さだけが才能じゃないんだ。

私、そっちで勝負しなくていいんだ。

そんな感じ。


ひるがえって我が家の話です。

「僕には、勉強をする才能がない」と言った彼は、いったいどんな言葉を待っているのだろうか。いや別に、何も待っていないのかな。「勉強が嫌いなのに、なんでしなきゃいけないのか」問題は、まだ棚上げされたままだ。

私もだんだん「やりたくないなら、やらなくていいんじゃないかな」という気持ちになっている。やりたくない状態でやる何かほど、身にならないものはない。

「勉強以外で、何か、面白いと思えるものができるといいね」

と言うと
「うん、スイッチは面白い」

と言う。ふむ。まあ、それはそうであろう。

なんとなく我が家では、宿題が終わったら、スイッチをやっていいという空気感だけが残ってずるずると小学四年生の二学期がスタートした。

四年生の後半戦、どんな時間になりますやら。

「しまった。そういうことを言いたかったんじゃない……」

息子氏が家出をした。半年ぶり六度目の家出です。

きっかけは、お夕飯の席にいつまでもつかないことに、私がキレたことだった。

「いま、ゲームしてるから、ちょっと待って」

と言ったまま、しばらく部屋から出てこない息子に
「ご飯を食べる時間は、他のことより優先させて」

と言ったら、

「なんで？　先に食べてればいいじゃん」

と反論されたので、カチンときた。つい、

「誰のおかげでご飯が食えてると思ってんだよ！」

と、モラハラ夫（失礼。夫とは限りませんね）のような発言をしてしまった。

「しまった。そういうことを言いたかったんじゃない」と思ったときには、もう遅い。

息子はかっと目を見開き、
「それなら、子どもは、大人になってお金稼ぐまでずっと意見を言えないってこと？おかしいじゃん！」
と、言う。そして
「じゃあいいよ。僕、おこづかいでコンビニでご飯買うから。ママ、勝手に食べなよ」
と続ける。引っ込みがつかなくなった私は
「いや、そのおこづかいも、誰が渡していると思ってんのよ」
と、なる。もう、完全に私のほうが論理破綻している。論理破綻しているのだけれど、もう、振り上げた拳が下がらない。

というか、そもそもなのだけれど、ふだん、好きな時間に好きなようにご飯を食べている（食べさせている）私が、この日に限ってなぜ「一緒に食べる」ことにこだわったかというと、さかのぼること三時間前の取材で「食育の大切さ」を嫌というほど聞いたからだ。

「犯罪を犯した子どもたちに、食卓の絵を描かせると、ほとんどが一人で食事をする『孤食』の絵を描くんです」と著者さんに言われて、ドキっとなった。これからはなるべく一緒にご飯を食べて、団欒なるものをしようと心に誓って帰ってきたのである。

でもまあ、そんなこと、息子は知ったこっちゃない。突然「食事は、親の都合に合わせて、一緒に食べるもんでしょ！」と言われた彼は、きょとんであるし、突然怒り出した母親を見て、完全に理不尽ボンバーをくらってる。すったもんだ十五分くらい罵り合ったあと、「こんな家、出て行ってやる！」と言って、彼が玄関から出て行ったのは夜の十九時過ぎ。そろそろ夏も終わろうとしている時期。外はまあまあ冷えている。彼は、短パンに裸足のまま飛び出していった。え？　裸足？　と思ったけれど、声をかける前に、出ていってしまった。

彼が六歳で真夏に初家出したとき、探している私のほうが熱中症になったという痛い経験があったので、喧嘩がヒートアップして家を出ていきそうになったときは、とっさに靴&パスモを隠すという習慣がついていた（私のほうに）。靴がなければ、せいぜい玄関の前か、マンションの階段でしばらく過ごしたら帰ってくるからだ。

今回は、靴を隠す暇はなかったのだけれど、「家出＝裸足」という思考回路がインプットされていたのだろうか。自主的に裸足のまま出ていったのを見て、「パブロフの犬か」と、ちょっと笑ってしまう。いや、笑っている場合じゃないのだけど。

まあ裸足だし無銭だし夜だし、そんなに遠くにはいかないだろうと高をくって、お茶をすすっていたら、ピンポンとインターホンが鳴った。画面を見ると、ヤマト運輸のお兄さんに捕獲された息子がそっぽを向いている。

「お母さんと喧嘩しちゃったと言うんですが、もうだいぶ寒くなってきたし、裸足だったので心配で……」

と、お兄さんは部屋まで息子を連れてきてくれた。

「ご迷惑をおかけしてすみません」

と頭を下げたら、

「ほら、ちゃんとお母さんにあやまりなよ」

と、お兄さんが言う。息子は目を伏せたまま、家に入ってくる。足の裏が真っ黒だ。お兄さんがエレベーターで降りていく音が聞こえたあと、よせばいいのに私が
「ちゃんとあやまったらって、お兄さんに言われたでしょ」

と言ったら、彼はまた、キッと私をにらむ。

「あやまることはない。今回、僕に悪いところはない。お兄さんに、裸足でいるのは危ないからって言われたから帰ってきただけだ。長袖に着替えて靴を履いてもう一回出ていく」

と言う。僕はもう、施設に行って暮らすんだ。ママとはもう会わない。保護してもらう。泣き叫びながら、リュックに物をつめている息子。まずはスイッチを。そしてiPadを持っていこうとする。

「いや、だからスイッチ、ママが買ってあげたものだよね。iPadはママのだよね。この家を出ていくっていうなら、全部置いていけ」

みたいな話に逆戻りになる。

もう、ヤダ。こういうことを言いたいんじゃない。私、落ち着け。


五回大きく深呼吸する。

「ごめん」

と言うと、彼は一瞬、私を見るけれど、またリュックに物をつめる。

「ごめん。今回は、ママが悪かった、ほとんど」

もう少し大きな声で言うと、やっと手をとめる。

「ちょっと話を聞いてくれるかな」


そこで私は、今日、食育の大切さについて聞いたこと。だから、もっとキミと一緒にご飯をゆっくり食べようと思ったこと。そうやって意気込んで帰ってきたのに、「先に食べてれば」と言われて腹が立ったこと。

でもそれはキミには関係ないことで、ママの問題であったこと。「誰が食わせてやってるのか?」と言ったのは、完全にママがダメだったと思う。お金を稼いでいるほうが偉いわけじゃない。これに関しては、大きくお詫びしたい。

で、今回の件は九十五パーセントくらいママが悪かったけど、キミも大きな声で怒鳴ったのはよくない。怒鳴り合って話し合いにならない感じはしんどいから、キミもそれはやめてほしい。私も、気をつける。こうやって落ち着いて話をしたい。そして、できればこれから、なるべく一緒にご飯食べたいと思う。そんな話をした。

「もうさ、パパもいないし、二人暮らしなんだから、仲良くやろうよ。一緒に暮らすのも、きっとあと少しだし」

と、言うと、彼も大きく深呼吸をして
「うん、わかった」

と、頷いた。

「ご飯、食べよう」

と言うと、

「うん、お腹すいたね」

と言う。お腹がいっぱいになると、心も落ち着いてくる。

「でも、きっとこうやって話したことを忘れて、また喧嘩しちゃうんだと思う」

と、彼は言う。

「そのたびに、なるべく小さい声で、話し合おう」

と、私が言う。


長い長い夜でした。

私たちは似たり寄ったりの星に住んでいる

「離婚なんてするもんじゃない。我慢して、我慢して、なんとか添い遂げるのが、夫婦ってもんだよね」

と、目の前で飲んでいる先輩の男性が言う。緊急事態宣言がとけ、こんなふうに集まって飲むのは一年ぶりだと言っていた。声が大きくなっているから、だいぶ酔いがまわって楽しくなっているのかもしれない。

「どうしてですか？」

と、私の隣の若い女性が彼に聞く。

「だって、離婚したら、子どもがかわいそうじゃない。お前の親は離婚したんだって、後ろ指さされるよ」

と、その男性は続ける。隣の女性は、その回答を聞いてちらっと私の顔を見る。この場にいる全員が、私がシングルマザーであることを知っている。

私はその話を、面白いなあって思いながら、ほくほく聞いていた。こういうクラシカルな意見は、ふだん、歳下の人たちとばかり話しているとなかなか聞けない。つい、取材者の気持ちになってしまい、よせばいいのに、口をはさんでしまう。

「そういうものですかねえ。私の周りにも、シングルで子育てしている人ってまああの割合でいるので、それほどレアな感じじゃないですよ。親の離婚って、子どもは自然に受け止めているようですけれど」

と言うと

「いや、それは、たまただよ。僕の子どもが通っている○○地域の学校には、離婚した親はひと組もいないよ。だって、親が離婚したら、有名校を受験させるにもいろいろ不利じゃない?」

と、おっしゃる。

「なるほど、そういう考え方もあるんですねー」

と私が言ったので、その場はそれで終わった。私は、心底、「なるほど、そういう考え方もあるのか!」と、思っていた。

帰り道、後輩の女性が

「さとゆみさん、どうしてあそこで話をやめちゃったんですか?」

と聞いてきた。どうしてだろう。

意見が違う人と話しても仕方ないと思ったわけではない。むしろ、酔っていなければ、もうちょっと話を聞いてみたかった。その方の価値観を支えているエピソードを知りたかったし、私自身の価値観も洗い出し直してみたかった。「でも、いかんせん、酔ってたしねえ」と答えて、私はその日、帰宅した。


先日も似たようなことがあった。

そのときは、やはり私の離婚を知った知り合いが、

「さとゆみは離婚してよかったかもしれないけれど、子どもがかわいそうじゃない？」

と言ったので、私の友人がブチ切れて、

「親の仲が悪いって、いつも泣いてるあんたの家の子どものほうが、さとゆみの家の子どもよりもよっぽどかわいそうだ」

と応戦し、軽く修羅場になった。


「子どもは意見できる立場にないのだから、親が我慢してでも家庭を守るべきだろう」VS「子どものためって親が我慢することが、本当に子どものためなのか？」と、二人の話はとまらない。

槍玉にあがっている当の私はというと、「喧嘩をやめて〜。二人をとめて〜」という歌が頭の中をかけめぐり（古い）、ついくすっと笑ってしまったので、余計、二人

を怒らせてしまった。

「あんたの話なんだよ！」と、双方に睨まれ、「あ、ごめんなさい……」ってなったよね。うん、ごめんなさい。私〜のために〜、争わ〜ないで。もうこれ以上。


とまあ、冗談はさておき、こういう話になったときにいつも思うのは、「ほんと、いろんな考えがある」ということに尽きる。私は私なりに考えて、シングルの道を選んだつもりだけれど、同じように真剣に考えて結婚生活を続ける人もいる。


この話を、もう少し考えてみたい。

「我慢できずに離婚」ｏｒ「我慢して結婚継続」の二つは、近いところで見ると、まったく逆の意見に感じる。

けれども、少し離れた視点から見ると、「できるだけ幸せに生きていきたい。そして、自分の子どもも大事！」という点で私たちは似たり寄ったりの星に住んでいると思う。

だから私たちは、それほど対立しているとは思わないし、子どもを育てる（できれば元気に幸せに育ってほしいなあって思いながら育てる）母親同士、いろいろ助け合いながら、頑張っていこうぜって思う。

こんなに子どもを大事に思っている母親同士、目の前の選択のたったひとつの違いで、敵対する必要なんかない。

上手く言えたかどうかわからないけれど、そんな気持ちを、伝えた。

ケーキが出てきたころには、すっかり穏やかなお茶会に戻っていて、

「あ〜あ。タイムマシンを使って十年後くらいに行ければいいのにな〜。そうしたら、何が正解かわかるのに」

と、一人が言った。

でも、多分、子育てに間違いも正しいもないいんじゃないかなと、私は思う。十年後、その子が幸せだったとして、二十年後は？　三十年後は？　その子が死ぬ間際は？　いつの時点が幸せだったら、子育てが正解だったって言えるのだろう。

私は仕事がら、人にインタビューをすることが多い。それで思うのは、人は「過去を簡単に塗り替える」ということだ。

たとえば、挫折ばかりくり返しているときは、「こういう親に育てられたことが、自分の人格形成によくない影響を与えている」と語る。

でも、成功に転じたら、「そんな親に育てられたからこそ、人とは違った物の見方ができるようになった」と語り出す。

その逆だって、ある。

人生が上手くいっているときは、「親がたっぷりと愛情をかけて育ててくれた」と語っていても、あるとき大きな挫折を経験してそこから立ち直れなかったら「過保護に育てられてきたツケがきた」となったりする。

結局、過去が「正解だったか」「間違いだったか」を決めるのは、いつだって現在の自分なのだ。そしてそれは、しばしば、オセロをひっくり返すかのように、あっさりひっくり返る。


何が言いたかったんだっけ。

そうそう。だから、子育てに間違いなんてものはないし、正解だってないんじゃないかと思う。そして、それが間違ってるとか、私のほうが正しいとか、仲間たち同士で争う必要もないのだと思う。

ただ、いろんな意見を交換しあって、なるほどそういう考え方もあるのかって思って、自分の視界は広くしておきたい。そして、一度決断したことでも、違う考え方に触れて感化されたら、ほいほい尻軽に乗り換える適当さも持ちたい。

「だからこれからも仲良くしてほしいし、私と違う意見もいっぱい教えてほしい」って、小学生の女の子のようなセリフを言ったりして、その日は宴もたけなわ、お開きになったのでした。

青春か。

子どもの「得意」や「なりたい」のきっかけ

最近増えたオンラインのミーティングや取材は、家のリビングですることが多い。その場所が一番、ネットが安定しているからなのだけれど、三回に一回くらい「壁に掛かっている絵が、素敵ですね」と、言われる。淡いピンクや水色が混ざったマーブル模様の絵は、実は、息子氏が四歳のときに描いたものだ。

当時住んでいたマンションの隣に、子ども向けの絵画教室があった。教室いっぱいに置かれたいろんな画材で絵を描いたり、粘土で工作を作ったりする。特に課題を与えられるのでもなく、自由に創作できるのが性に合っていたのかもしれない。彼は、週に一回の教室をとても楽しみにしていた。

いま飾っている絵は、模造紙一枚分ほどの大きさがある。引っ越しするときに、

「これだけは持っていきたい」というので、額装してリビングに飾ったのだ。

オンラインミーティングで「素敵な絵ですね」と言われるたびに、私は彼に「今日も、キミの絵を褒めてくれた人がいたよ」と伝えてきた。そのせいかどうかはわからないけれど、「僕、絵は上手いと思うんだよね」と、自分で言うようになった。

得意そうに言う感じではない。「僕、勉強ができないと思うんだよね」と言うのと同じようなテンションで話す。


先日は、「絵を上手に描くには、コツがあるんだ」と話してくれた。

「どうすればいいの？」と聞くと、「とにかく、しっかり見るんだ」と言う。「描くのに一番大事なのは観察することなんだって」。

「そっかー。ママ絵心ゼロだからなあ」

と言うと、ちらり私の顔を見て
「たしかに」

と答える。それからも、彼の絵は少しずつ増えていった。

子どもの「得意」や「なりたい」は、こんなささいなきっかけでスタートするものなのかもしれない。


つい先日のことだ。一緒にお夕飯を食べていたら、今日、学校行事で美術館に行ったんだけど、と話し始めた。

「何か面白い作品はあった？」

と聞くと、

「魔女の展示が面白かった」

と言う。

「魔女？」

「うん、僕は魔女だと思ったけれど、女の人が何人もいる作品」

それは絵画ではなく、彫刻だったと彼は言う。

「クラスのみんなは、小学生がみんなで作った展示がすごいって言って、ずっとその周りで話をしていたけれど、僕はそれにはあまり惹かれなかったんだ。僕には、その女の人がいる作品が良いなって思えて」

「へえ。そうなんだ。どんなところが良かったの？」

「うーん。その彫刻ね、女の人が五人いるの。でも、人によっては四人に見えたり、六人に見えたりするんだよ。で、ガイドさんが言うには、日によって人数が違って見える人もいるんだって」

「それは面白いね」

「うん、だから、そのことについて書いた」

「書いた？」

「そう。帰ってきてから感想文を書く授業だったから」

「ああ、なるほど」

「五分で書けたから、そのあと、ずっと暇で本を読んでた」

「書くの速いんだ」

「うん、僕はいつも書くのは速い。前にママが言っていたでしょ。『書いているうちに、書き始める前には思いつかなかったことを思いつく』って。僕もそうなんだよね。だから、書きながら思いついたことを、どんどん足して書いてる」


そういえば、そんな話をしたような気もする。

私はつい最近、書くことについての書籍を上梓したのだけれど、その執筆中に「書くの、楽しい？」と、聞かれたことがあった。

「文章って、考えたことを書くんじゃないんだよね。書くから、考えることができるの。それが楽しい」みたいなことを答えたように思う。よく、覚えてるなあ。


その作文、読んでみたいから、戻ってきたら読ませてねと伝えたあと、ふと、前から思っていたことを口に出した。

「息子氏って、ものの見方が独特なところあるよね」

大好物のサーモンに集中していた彼は、お皿から目をあげる。

「そうなの？」

「うん、そんな気がする。ほらさっきも、みんなと違う作品が面白いと思ったって言ってたでしょ」

「ああ、うん」

「そうやって、人と違うところを見ることができるの、すごいなあっていつも思ってるんだよねー。ママの友達にもライターさんがいっぱいいるけれど、キミみたいに、人と違う部分を見ることができる人って、ライターにすごく向いている」

「へえ、そうなんだ」

「うん、人とは違ったことを書けるから」

「ふーん。ライターって面白い？」

「ママは面白いと思うよ。この間、キミ、『ママは食いしん坊で美味しい店をいっぱい知ってるし、旅行が好きだから、いい』って言ってたよね」

「うん、言った。いろんな場所に連れて行ってくれるのがいい」

「ライターのいいところは、どんな場所でも書けることだね。世界中、旅をしながら書くこともできる。あと、頑張れば、稼げる」

我ながら、だんだん、職業勧誘みたいになっているなと思って笑える。

ふーんと言ってしばらく考えていた彼は、「そっか、じゃあ、僕、ライターを目指そうかな」と言う。

やはり、子どもの「得意」や「なりたい」は、ささいな一言がきっかけになるのかもしれない。

私は、心の中で小さくガッツポーズをしながら、なるべくテンションをかけないように気をつけて「うん、いいんじゃないの。素敵な職業だと思うよー」と答える。

自分が愛する職業が、ほんのいっときでも、子どもの興味の対象になったことが、じんわりと嬉しい。

私もいつか、彼に文章の校正を手伝ってもらえたりするかな。たった一文字変えるだけでも、見える世界ががらりと変わること、彼は面白いって言うかな。それとも、こんな面倒な仕事、やってらんないって言うかな。

いや、そもそも今日話したことも明日には忘れてしまうかもしれないけれど。

でも、ちょっとね、嬉しかった。

北風と太陽

私と息子氏の関係が、最近ちょっと、調子が良い。

「ちょっとお手伝いしてくれる?」

と言ったら
「うん、わかった。一分待って」

と、ゲームをやめるようになったし、

「遊ぶよりも先に、お部屋片付けようか」

と言ったら
「オッケー、そうする」

と言うようになった。

なんというか、心が落ち着いているようだ。私が何か言うたびに、かっかしていた夏のころに比べたら、雲泥の差だ。

まあ、そのうちまた、何かの拍子に大喧嘩したりするのかもしれないけれど、先方が落ち着いていると私もとても優しい気持ちになる。

久しぶりの蜜月を楽しんでいる母であります。

彼がこんなに落ち着いてきたのには、ひとつ、心当たりがある。

ちょうど、「勉強ってさせなくてもいいんだっけ？　ゲームばかりさせていていいんだっけ？」と考えていたある日、私は、彼の家庭教師の先生と飲むことになった（家庭教師の先生とは、もともと仕事仲間なのです）。

この家庭教師の先生には、息子が中学受験の入塾試験に受からなかったとき、「四則演算を教えてあげてほしい」とお願いしたことがある。ところが、当の息子本人が「先生に受験勉強を教えてもらうのは、せっかく面白い話をしてくれる先生の無駄づかいな気がする」と言ってきた、くだんの先生である。

いまでも、週に一回お世話になっているのだけれど、相変わらず「ドラえもんの道具について」とか「あまり知られていない職業について」など、毎回彼が興味を持ったテーマについて話をしてくれている。

その先生に、ちらっと息子のことを相談した。すると、

「さとゆみさんて、ふだんはあまり常識にとらわれないのに、子育てのことになると意外と保守的ですよね」

と笑われた。どういう意味かと問うと
「ゲームなんて、一度、好きなだけやらせてみればいいんですよ」

と言う。

「一日何時間やってもいいよと伝えて、気がすむまでやらせたら、だいたいどこかですっと飽きますよ。逆にゲームを作る側にまわりたいとか言い出すかもしれないけれど、それならそれでいいし」

と。なるほど。たしかにそうかもしれない。

いまは、ゲームをやってもいい時間に制限があるから、妙に執着する。「あと三十分しかないんだから、途中でとめられない」となるし、「ご飯はもう少しあとにして」と、なる。

「いつでもできる、となると、そこまで執着しなくなると思いますよ」

と、彼は言う。

「そっか。落ちそうで落ちない女の子に執着しちゃうのと、同じだね。手に入れば、そこまで執着しなくなるのかも」

と私が言うと、

「ははは、そのたとえ！」

と、笑われた。

というわけで、その次の日、私は息子に話をした。大事な話をするときは、我が家は、フローリングに正座である。

「あのね、ゲームをする時間に関して、制限をかけるのをやめようかと思ってさ」

と私が伝えると、彼はあからさまに顔を輝かせた。

「え、ほんとに？」

「うん、一度、好きなだけやってみるといいかなって思って」

「やった！」

「たださ、ゲームは好きなだけやっていいけど、学校のこととか、やらなきゃいけないことは、ちゃんとやってほしいんだ」

と、伝える。

「それ、できる？　自分で考えて、時間配分してほしいんだけど。それができるんだったら、キミの好きなように遊んでいいよ」

ここは重要ポイントだから、ちゃんと伝えたくて、ゆっくり話す。だけど、彼はもう、浮かれポンチだから、

「うんうん、わかったわかった」

と、語尾にハートがつきそうな勢いで、首を何度も縦に振った。

ほんとに、わかっているかなあ。どうなることやら……と思って様子を見ていたのだけれど。このやり方、思った以上に、彼に合っていたようだった。

時間制限を取っ払ったその週は、平日は一日五時間、土日は十時間近くゲームにのめり込んでいたのだけれど、宿題や部屋の掃除は、自分から進んでやるようになった。

あれから二カ月くらい経つけれど、最近では、それほどゲームを触っている時間も多くなくなった。あまり遅くまでゲームをしすぎると学校で眠くてしんどいということに気づいたようだ。落ち着くところに、落ち着き始めているのかもしれない。

とはいえ、「自分が自由にゲームをできる権利」はキープしておきたいらしく、「彼にとっての義務（学校の宿題やら、家の手伝いやら）」は、はたそうとしている。

なんだか、いい感じなのである。

ふと、北風と太陽みたいな話だな、と思う。

何か新たな課題が出てくるまで、しばらくこの方向で運用してみようかと思っている母であります。

ママはとんちんかん

ある女子大のメディア論の講義で、話をさせてもらう機会があった。いろんな質問を受けたのだけれど、この「ママはキミと一緒にオトナになる」の連載を読んでくれた学生さんから、

「言葉を扱う仕事をしているさとゆみさんが、息子さんに絶対言わないと決めている言葉はありますか？」

と聞かれた。

絶対に言わない言葉かあ……。

しばし悩んだ末、ごめんなさい、もう少し時間くださいと言って、その場では保留にさせてもらった。いまも考えているけれど、「絶対に言わない」と決めている言葉は、やはりないかもしれない。

そのかわり、じゃないけれど、「絶対に言ってほしくない」言葉は、ある。

「死にたい」という言葉だ。これを言われると、立ち直れないくらい傷つくから、冗談でも言わないでと、伝えたことはある。息子だけではなく、家族全員に言っている気がする。

ただ、最近は考え方が少し変わってきた。

「死にたい」という言葉を禁止にすることで、もっと重要な局面をとりこぼしてしまうかもしれない。むしろそれを言えることが、最後の救いになるときもある。そう考えるようになったからだ。

絶対に言わない言葉の反対で、よく言う言葉はある。彼が生まれたときからの習慣だけれど、寝顔を見ながら「大好きだよ」と言うのです。

この習慣は、ある尊敬する美容師さんに聞いた。三人の息子さんが、みな素敵だったので、

「どうすれば、こんなにかっこよくて優しい息子さんが育つんですか?」

と質問したのだ。すると、その美容師さんは、

「毎晩子どもが寝てから、自分はキミを愛していると語りかけてきたんですよ」

とおっしゃっていた。潜在意識に働きかけるのがよいので、寝ている間に言うのがポイントなんだとか。

私は子育て本のようなものをひとつも読まなかったけれど、この美容師さんの話は

素敵だと思ったので、毎日実行している。

大好きだよ。

大事だよ。

キミはパパとママの宝物だよ。

彼の寝顔に、そう語りかける。

＊

子どもが話す言葉に、ときどき自分の影響を感じることもある。私の口ぐせがうつっているなと思うのだ。

最近気づいたのだけれど、息子はよく
「ママはどうしたいの？」

と聞く。

「お夕飯、どこか食べに行こうか。何が食べたい？」

「ママは何が食べたいの？」

「ねえ、このお洋服どう思う？」

「いいと思うけれど、ママは自分でどう思うの？」

そんな感じ。

そういえば、私は本当によく、「キミはどう思う？」「キミはどうしたいと思っているの？」と聞いてきた。

子どものころ、親に自分の意見を聞いてもらえるのがすごく嬉しかった。その記憶があるから、無意識に私も彼に意見を聞くのだと思う。

私の口ぐせが彼にうつっていることに気づいたとき、ちょっとほっこりした気持ちになった。子どもだからまだその裁量権は少ないけれど、自分で選び決めていくことがどんどん増えることを、あなたも楽しんでくれたらいいな。

そんなふうに思ったからだ。

まさか、彼が、私の口ぐせについて悩んでいたとは思いもせず。

＊

師走は私も予定が立て込んでいて、なかなか息子とゆっくり話をする時間がなかった。なので、その日、私は彼を食事に誘って、最近の学校の様子などを聞いていた。

レストランでは終始楽しくおしゃべりをしていたのだけれど、帰り道、ふとした拍子に彼が、

いる。
「いや、ママはキミが、頭が悪いって思ったことは一度もないけどな」
と答えてきた。これは本心で、本当に面白い視点を持った子だなあといつも思って
こんなふうに言うのは初めてではない。そのたびに、
と、独り言のように言った。
「なんで僕は頭が悪いんだろう」

いつもはそれで終わる会話だけれど、この日、彼は会話を先に進めてきた。

「いや、それはママが家族だからだよ。ママとパパとばあば以外は、みんな僕のこと
は頭が悪いと思ってる」

「うーん。まあ、学校の成績はそんなによくないかもしれないけれど、頭が悪いとは
思わないけれどなあ」

私がそう答えると、彼はちらりと私の顔を見て、ため息をついた。

「まあ、いいや。この話をすると、ママもばあばもいつもとんちんかんなんだもん」

私はびっくりして、聞いた。

「え？　そうなの？　どんなところがとんちんかんなの？」

息子は話すかどうか少し迷ったようだけれど、小さな声で
「たとえば、塾とか」

と話し始めた。

「うん。塾？」

「僕、塾、辞めたじゃない」

「うん、そうだね。また行きたい気持ちになった？」

「いや、全然ならないんだけど」

「うん。まあ、いいと思うよ。いまは、キミがやりたいことをすればいいんじゃないかな」

「やりたいことも、特にないんだよね」

「うん。いいんじゃない？　そんなに早く決めなくても」

そう私が答えたら、隣に並んで歩いていたはずの息子の足が少し遅くなった。

ん？　と思って振り返ったら、驚いたことに彼は目のふちにうっすら涙を浮かべていた。

「え？　どうした？」

そう聞くと
「だから、ママはそういうところが、とんちんかんなんだよ」

と、言う。

そこから彼は一気にまくしたてた。

僕は、勉強は好きじゃない。得意でもない。だけど、みんなは嫌だ嫌だって言いながら、一生懸命勉強をしているし、このまま僕だけゲームばかりの毎日を送っていいのかどうか、正直不安になる日もある。嫌でも勉強したほうがいいのか、それとも好きなことだけしていいのか、わからない。

ママに聞いても、好きなようにしなよって言うだけで、本当にズレてる。好きなことだけしていたら、将来困るのかどうかも、僕にはわからない。判断材料がないのに、「好きなようにしなさい」って言われると、悲しい気持ちになる。ちゃんと相談にのってほしい。

だいたいこんな内容だった。

私の「好きにしていいよ」が、こんなふうに負担になっていたのか。

なんとなく、私に性格が似ているから勝手にわかったつもりでいたけれど、そうだよ。私たちは別々の人間だった。

「そっか、ごめん。ママに相談にのってほしかったんだね。それに気づかず、申し訳なかった」

と、伝えると、

「うん。でも、今夜はもういいや。眠い。今日は、寝る」

と彼は言う。そして、家に着くなりすぐにベッドで眠ってしまった。少し興奮して話していたから、疲れたのかもしれない。

寝顔を見ながら、まだ、十歳の子どもだもんな。自分で判断していいよと言われても、そんなのわからないよなあ、などと考える。

「大好きだよ」と、寝顔に向かっていつもの言葉を伝えながら、彼が起きているときにもちゃんと話をしなくてはいけない、と思ったのでした。

二〇二一年師走。
年末総決算感ある夜。

「妻」でも「母」でもない夜

クリスマスの朝に、救急車で病院に運ばれた（息子氏ではなく、私が）。

その日、私は、北海道の実家に帰省していた。息子だけを北海道に残し、私は仕事をおさめるために翌朝東京にとんぼ帰りする予定だった。


が、実家に着いて夜寝ようと思ったら、全身に蕁麻疹が出ているのに気づいた。顔も赤くなって熱を帯びている。そのときは、何か悪いものでも食べたかなあ。一晩寝たら治るかなあなどと思って、床についた。念のため、東京の皮膚科の予約を入れた。明日、戻ったら速攻で病院行こうと思いながら。

翌朝、

「ばあばの家でも、ちゃんとサンタが来たー！」

と言う、息子の声で目が覚めた。

彼は、クリスマスを自宅ではなく、おばあちゃんの家で過ごすことを心配していたのだけれど（サンタさん、ばあばの家、わかるかなあ）、どうやらちゃんと枕元にプレゼントがあったらしい。

「おお、よかったねえ」

と言って起き上がろうとしたら、目がうまく開かない。鏡を見たら、顔が試合後のボクサーくらいに腫れ上がっていた。呼吸もなんだか苦しい気がする。

「ママ、顔がカチコチだし、すごく熱いよ」

肌に触れた、息子が言う。


フライトの時間が迫っていたけれど、直感的に「これ、飛行機に乗ったらヤバいやつでは？」と思った。救急車を呼んでほしいと母に話す。頭によぎった単語は「アナフィラキシー」だった。かつて友人がそれで大変な目にあったことを投稿していたのだけれど、そのときの話を思い出す。いろいろ、似ている気がする。


息子に留守番を頼んで、救急車に乗った。母も同乗する。

担架で運ばれるとき、息子は一瞬「大丈夫？」と私をのぞき込んだものの、日ごろからよく倒れる親に慣れているせいか、それほど心配している様子はない。慣れってすごいな。これが今生の別れになったらどうするんだよ。

そんな私も、しかし意識ははっきりしていたので「まあ、死にはしないだろう」と思って運ばれた。

受け入れてくれる病院を見つけるのに少し時間がかかった。あとから母に聞くと、救急車の中で一度、酸素飽和度がずいぶん落ちたらしい。酸素マスクをつけてもらうシーンもあったけれど、病院についてステロイドをガンガン点滴してもらったら、あっという間に落ち着いてきた。

「フライトしていたら、危なかったですね。でも、もう大丈夫ですよ」

と、若い女性の先生が言う。先ほど、廊下で

「すみません、急患が入りまして、お迎えが遅れます」

と電話をしていた先生だ。保育園にお子さんを預けているのだろうか。

「私のせいで残業になっちゃいましたよね、ごめんなさい」

と言うと、

「あ！　聞こえちゃってましたか、いえいえ全然気にしないでください。大人の事情で、受け入れが遅れてごめんなさいね」

と言われた。大人の事情って、私よりひとまわりほど若い先生が言うのが面白い。

私が処置をされている間、実家の周りでは、スクランブル態勢が敷かれていたらしい。さすが田舎だ。救急車の到着が秒の速さでコミュニティに伝わり、

「どうやら、帰省してきたゆみちゃんが運ばれたらしい」

となって、留守番をしていた息子は親戚の家に保護された。

母が暮らす地域のコミュニティが、あたたかく密な繋がりを持っていることに安心したりもした。症状も落ち着き、予定よりは遅れたけれど、夜には東京に戻ることができた。

息子は、「じゃ、良いお年を」と、相変わらずクールである。

＊

この年末年始、私は生まれて初めて、一人で年を越した。

集中して一気に仕上げたい原稿があったせいもある。でもそれ以上に、「ここらで一度、ちゃんと一人を味わっておきたい」という気持ちがむくむくとわいたのだ。

春を迎えたら、息子は五年生になる。

子どもが生まれたとき、一番早く手離すことになるとしたら、小学校卒業のタイミングだろうと思っていた。

今のところ、寮のある中学校に入る可能性は低そうだから、次は中学卒業のタイミングか。こちらはわりとありそうな気がする。

そう考えると、彼と同じ家で過ごす時間も、あと五年。長くて八年。これまで十年間一緒だったから、その時間よりは短い。

彼がいなくなったら、私の生活はどうなるのだろう。どんな気持ちで料理を作り、どんな気持ちで部屋を掃除するのだろう。

小学一年生の通知表に「人の世話ばかりしていないで、自分のこともちゃんとやりましょう」と書かれた私である。実家を出てからこれまでの人生、なんだかんだと、人の飯ばかり炊いてきた。

妻でもなく、母でもない。そうなったとき、私は、私のために頑張れるのだろうか。私は、私のために生活を整えていけるのだろうか。

それをいまのうちにシミュレーションしておきたかったのだ。何か不安を感じるようなことがあったら、〝ほんとうに〟彼が家を出ていく前に、何らかの対策をとりたいと思ったからだ。

幸い、母が冬休みの間じゅう、預かってくれるという。その言葉に甘えて、ひとり静かな年末を東京で過ごした。

アナフィラキシーになったことで、忘年会も新年会も全部キャンセルした。しばらく蕁麻疹が消えなかったので、メイクもせず、ついでにお酒も控えてみた。

本当に久しぶりに、一人の時間を過ごした。

薬を飲むと朦朧とする時間をなんとかやりくりし、原稿を書いたり、慌ただしくてふだんは掃除できない場所を整理したりした。

昔のノートが出てきて、過去の取材メモや、当時読んでいた本の感想などを見つけた。今後の人生に対する抱負のようなものが書かれているページもある。

どれもこれも、すっかり忘れてしまっていたことばかりだ。

そのときどき、なぎ倒すように人生を走り続けてきた。そうやって過ごしてきた時間のほとんどは、降り始めの雪のように、どんどん記憶から消えている。


ふと、人生は〝ところてん〟のようだなと思う。

新しい時間を過ごしていると、過去の記憶がその分、ところてんのように押し出されていく。

いくら歳を重ねても、手元に残っている記憶の量はそれほど増えない。

そんなふうにしているうちに、いつか、死ぬ。

存在自体が消えて、もちろん私の記憶もきれいにさっぱり消えるのだから、「忘れないこと」にそんなに固執する必要もないのかもしれない。

そんなことを考えながら神棚を拭いていたら、ああでも、残るものもあるなと、突然思う。

私が持つ記憶は私がいなくなれば無くなるけれど、たとえば息子の身体のどこかに、私の何かは残るのかもしれないな。私の身体の中に、いろんな人の何かが存在し続けているように。

ほんのり哲学的な気持ちになって、そういえば明日は息子が帰ってくる日だ、と思い出す。

二週間ぶりだ。彼はこの期間にスキーが滑れるようになったらしい。

私はこの期間に、何ができるようになっただろうか。

早く、会いたい。

偉大なものは世界をひとつにする

ライターの友人が、春からロシアで働くという。

何度もチームを組んできた仲なので、彼女が日本からいなくなってしまうのは淋しい。けれども、二十代のころに住んだロシアにいつか戻りたいというのは彼女からずっと聞いていたし、コロナ禍でも就職準備をしていた彼女を、さすがだと思った。

ウラジオストクであれば、成田から飛行機で二時間半。韓国と同じくらい近い国だと知って驚いた。きっと遊びに行くねと伝えると、ロシア人は、すごくおせっかいで人なつこいですよと彼女は言う。

「でも、ロシア人って、人なつこいイメージないけれど」

と私が言うと

「ロシア人は、人の話を真顔で聞くことが誠実さの証しだと思っているんです。だから一見、とっつきにくく見えるけれど、それだけ真剣に話を聞いているよということなんですよ」

ボリショイ劇場に「椿姫」を観に行ったときは、幕間におばあちゃんから声をかけられたそうだ。

「あなたはどこの国から来たの？　この作品は気に入った？　ぜひ原作も読んでね。これは、もともとフランスの作品なのだけれど、アメリカ出身の振付師が作ったバレエを、ロシア人が踊って、こうやって満員の劇場の中には、あなたのような日本人もいる。偉大なものは世界をひとつにするのよ」

と。おばあちゃんは、その日誕生日だったらしい。そして誕生日には毎年必ず劇場に足を運ぶのだと。

「偉大なものは世界をひとつにする」

その言葉は、それからもずっと彼女を支え続けたし、彼女がコロナ禍でもロシア行きを諦めなかった理由でもあった。

ところが。彼女がロシアに飛ぼうとした直前、フライトがキャンセルされた。

戦争が始まったのだ。

本当なら彼女がロシア行きの飛行機に乗っていたはずの日、私たちは、モルドバのワインが飲める店で会う約束をした。

モルドバは、ウクライナに隣接した小さな国だということを、私は初めて知った。

店の中にある世界地図を見ていると、

「いま、モルドバのワイナリーの人たちは、仕事を休んで難民の受け入れに全力を尽くしているんです」

と店員の方が教えてくれた。

国境を越え、安全な場所にたどり着けた家族は、しかし父親だけ戦うためにウクライナに戻るのだという。離れ離れになる家族に、ボランティアから最初に渡されるのは携帯のＳＩＭカード。このカードが家族を繋ぐ、文字通りの生命線となる。

私より先に店に着いていた彼女は、オレンジ色のワインを飲んでいた。私は、彼女がいまどんなことを考えているのか知りたくて、いろんな質問をした。

「この先、どうするの？　いま、ロシアに住んでいるあなたの友人たちはどんな感じ？」

彼女は答える。

「ウクライナに親戚が住んでいるロシア人も多いんです。もちろん、侵略は許されることではないです。でも、今回の戦争がロシア人全員の総意でもないと思うんです」

そんな話をしていたら、ワインを注いでくれた女性に話しかけられた。

「お客様、ちょっといいですか」

流暢な日本語を話すその女性は、瞳の色が青い。

「私は、ロシア人です。私の両親と弟はいま、ロシアにいます。でも、私のいとこたちはみな、ウクライナにいます。お客様たちが、この戦争はロシア人全員の気持ちじゃないと話してくれたこと、とても嬉しく思います」

彼女の名前は、マリアと言った。ご主人は日本人で、高校生の娘がいるという。

彼女のいとこたちが住むエリアは、まさに産科病院が爆撃されたと報道があった土地だ。一人は昨日やっと連絡がついたけれど、残り三人とはまだ連絡がつかない。

「心のどこかで、私も覚悟を決めているところがあります」

マリアは、そう言った。

ロシアに住む両親ももちろん、ウクライナにいる自分のきょうだいや甥姪たちの安否を心配している。両親の周りの人たちも心配してくれる。けれども、その人たちは「早くロシアに逃げてくる手筈を整えてあげて」と言うのだそうだ。

ロシアの国営放送では、「我々はウクライナ人を助けるために、道を作っている」と報道されているので、それを信じる年配の人々は、あなたの親戚もロシアに避難してくれば安全だと考えている。

「私は日本で情報を得ることができるから、両親にいま、世界中がロシアをどう見ているかを話します。だから両親も、どこかおかしいと思っている。でも、それを国内で口には出せない」

私はマリアに聞いた。

「ねえ、もしもいとこと電話が通じたら、マリアはなんて言うの？　西に逃げてって言う？　東に逃げてって言う？」

マリアは即答する

「もちろん、西です」

どうしてこんなことになってしまったのか、とマリアは長い睫毛を伏せる。

「ロシアには世界に誇れるものがあります。バレエがあります。芸術があります。Ｇｏｏｇｌｅの創立者の一人もロシア出身です。どうして、それを誇るだけじゃいけないの？　核のボタンを持っていることよりも、アメリカ人と一緒にＧｏｏｇｌｅを作れたことを、誇りに思えたほうがずっと良いのに」

ロシアにいる弟さんとは話せている？　と聞くと、はい。でもいつも喧嘩になりますと、マリアは答える。

「弟も、自分が住んでいる国がおかしいことをしているのは、うっすらわかっているんです。でも、話がそこに及ぶと、『だけど、あいつが核のボタンを持っている限り仕方ないだろう』と言うんです。自分たちにできることは、何もないと。自分の住む国を信じられないことは、とても悲しいことです」

彼女は私たちに、こう言った。

「日本の人たちがウクライナに支援してくれているのを知っています。ウクライナは世界中の人たちの力を借りて、助かってほしいと思います。でも、この戦争が終わったとき、きっとロシアも、本当の意味で、世界中の人たちの助けを必要とすると思います」

ここに来なければ知らなかったことを知った。

私たち二人は、しばらく、無言でお酒を飲んだ。モルドバのワインは、クリアなのに味が深い。

帰り際、私はどうしても気になっていたことを、マリアに聞いた。

「ねえ、マリア。マリアの娘さんは、高校でいじめられたりしていない？　辛い思いをしていない？」

ロシア料理の店が嫌がらせを受けたり、日本に住むロシア人が差別行為にあっているという報道を見たからだ。

するとマリアはこう答えた。

「彼女は、まったく辛い思いをしていません。今回のことが心配で、私は『母親はロシア人ではないと言ってよい』と、彼女に伝えました。でも、彼女はそのような必要はまったくないと言うのです。日本人の友達は、そういうことを絶対にしないと。彼女は、それをまったく疑っていません」

その話を聞いて、私はもう、膝から崩れ落ちそうになった。

十五歳の少女たちの間で築かれている信頼関係を、どうすれば私たち大人の間に築くことができるのだろう。


帰り道、友人がロシアでいま共有されているハッシュタグを教えてくれた。
#нетвойне
戦争反対を意味するハッシュタグだそうだ。

四年生を振り返って

オリンピックがあった。戦争が始まった。我が家は中受に翻弄された。

いまの時代、選択肢が多いことが人生を難しくしていると感じる。選択したあとですら、「本当にこっちでよかったのだろうか」と、いつまでも考えてしまう。昔以上に「自分が選ばなかったほうの道」を歩く人の姿が可視化されてしまうからだろう。ＳＮＳでかつての同級生や仕事仲間の活躍を見るとき、心がまるで揺れないかというと、そんなことはない。

そして、きっとそれは小学生だとしても同じなのだ。この年齢で「受験する自分」と「受験からおりる自分」のどちらかを選べと言われても、それは難しかったろう。なにしろ、私よりも、彼のほうが未来が長い。背負わせてしまって、ごめんよ。

いっそ、「選んだほうの道がよかった道」と決めてしまうのはどうだろうと、このころ私は腹をくくった。彼がどっちの道を行くとしても、選んだほうの道が、ベストの道。歩いた先のほうに、いいことがある。というか、いいことがあれば、振り返ったときに「あのときの選択がよかった」と思えるのではないだろうか。だとしたら、自分の手で、いいことを生み出せる力を。彼に、その力を手渡していきたい。

だけど「その力」って何だろう。想像力や発想力だろうか。それとも、自分を信じる力だろうか。いずれ私は彼の手を離す。そのときまでに、彼の内側に、どれだけの力を渡すことができるだろう。ぢっと手を見る。

五年生のキミとママ

2022.04～2023.03

遺言だと思って書いている

この連載「ママはキミと一緒にオトナになる」の書籍化の話をいただき、打ち合わせに行ってきた。

担当の編集者さんと対面で打ち合わせするのは、二年ぶりだ。というか、この連載の依頼をいただいたときぶりだ。この連載は、すっぽり、コロナの時期に重なっている。

カバーやタイトルはどうするか、何ページくらいにするか。いろいろ検討していたら、あっという間に一時間半たっていた。オンラインではなかなか、こうはいかない。やっぱり、ブレストはリアルに限りますね、なんて会話もした。

さて、いろんなことを話し合ったけれど、この連載の書籍化に関して、一番話し合わなくてはならない相手は、家にいる。

息子氏だ。

「ひとまず、彼と相談して、またご連絡します」

と伝えた私に、

「そうしてください。息子さんが出してほしくないという記事は、出さないことにしましょう」

と、編集さんは言ってくださる。

そういえば、連載のご依頼をいただいたときも、

「息子と相談してからでいいですか」

と言った私に、

「もちろん、そうしてください」

と頷いてくれたことを、思い出した。


連載が始まったとき、息子は小学三年生だった。

二年前、私はこの連載についてなるべく丁寧に説明したつもりだったけれど、彼は「うん、好きにすれば」と、あまり興味を持たなかった。まあ、そうだよね、まだよくわからないよね。「嫌だなと思うことがあったら、いつでも言って」と伝えたが、その言葉が彼の耳に届いていたかどうかはあやしい。

実際に書き始めたら、これはなんだか遺言のようだなと思った。

ちょうど離婚したばかりだったせいもある。

父親が一緒に暮らしていたら、私に何かあったとき
「ママはよく、こんなことを言っていたよ」

と伝えてもらえるだろう。でも、息子と二人暮らしで私が死んだら、私がふだん彼をどんなふうに見ていたか、愛していたか、伝えてくれる人はいない。

だから、遺言みたいだなと思いながら、書いてきた。彼がこの文章を読むことがあるとしたら、私が死んだときか、彼に子どもができたときか。

なんとなく、そう思っていた。


父が亡くなったこともある。

父は生前、私や弟について書いた文章をときどき公開していた。子どものころ、私はその文章をこっそり読むのが好きだった。

教員だった父はふだん、私たちきょうだいに対して、ことさら厳しい態度をとっていた。子ども時代に褒められた記憶なんて、ほとんどない。

でも、父が書く文章の中には、ときどき「ああ、この人は、本当は私たちのことを気にかけてくれているのだ」と確信を持てる表現があった。それに触れたくて、父の文章を読んでいたのだ。

お葬式のとき、

「お父さんの文章で、ゆみちゃんのことをよく知っていた気持ちになっています」

と言ってくれた人が何人もいた。そのときやっぱり、子どもについて書き残しておくことは、遺言みたいだなと思った。

連載が始まってしばらく経つと、息子が
「最近ママは、優しくなったね。僕の言うことをよく聞いてくれる」
と、言うようになった。
たしかにそうかもしれない。この原稿を書くようになってから、彼の言葉を上の空で聞き流すことが、少なくなった。

このころ私は、この連載、一石二鳥、いや一石三鳥かもしれないと思っていた。

私は子どものことをもっと深く知ろうとできる。子どもは私に、しっかり話を聞いてもらえていると感じる。そして、それが仕事にもなっている。

記事が公開されるたびに、いろんな感想をいただいた。

ご自身の子育て体験を教えてくださる方もいたし、自分が子どものころの話をしてくれた人もいた。私はいつも結論のない話を書くから、いろんな議論が生まれた回もあった。

いろんな人たちが自分の子どもや、子ども時代の自分を、優しく見つめ直している様子が知れるのも、とても嬉しかった。

と、そんなこんなで、ささやかに調子に乗った私が、頭をガツンと殴られたのは、息子が四年生のときだったか。息子の言葉が聞き取れなかったので
「ん？　いま、何て言った？」

と聞き直したら、

「ねえ、いまのも、書くの？」

と、息子がうんざりした顔をしたのだ。

「ねえママ、書かれるかもしれないと思うと、僕、安心してママと話ができないんだけれど」

と言われて、ハッとした。

あ、これはもう書いちゃダメだ。そう思った。


「ごめん、ママがキミのこと書くの、嫌だった？」

と聞くと
「うーん、それはいいよと言ったけれど、どこまで書いているのか気になってきた」

と言う。

「わかった。じゃあ、ママもう、書くのやめるね。ママは、キミのことをもっとわかりたいと思って書いている。だけど、これを書くことで、キミがママと話しにくくな

るなら、それは本末転倒だと思うから」

「でも、この仕事やめたら困らない？」

「仕事よりも、キミとの関係のほうが大事だと思う。編集さんにも、そう伝えるね」

そう言って、その日はそのまま床についたのだけれど、次の日になって彼は、私に話しかけてきた。

「昨日の話だけど、やっぱり、やめなくていい。書くのをやめてほしいわけじゃないんだよね」

と、言う。

「我慢しないでほしい。気になるんだよね？」

と聞くと、

「一度、読ませて」

と言うので、そのとき書いていた原稿を彼のケータイにＬＩＮＥした。

彼はしばらくそれを読んでいたようだけど、

「うん、やっぱりママの好きに書いていいや」

と言ってきた。

驚いて、本当にいいの？　と聞くと、大丈夫だと言う。これからも今日みたいに原稿チェックする？　と尋ねたら、それもしなくて良いと言う。

「これは、ママがどう考えたかってことだから。僕の考えと違ってもいいと思うし、もし誰かに何か聞かれたら、『ああ、あれはお母さんがそう思ったということなんですよ』って言うからいい」

彼が、四年生のときのことだ。

その後も何度か、提出する前に読む？　と聞いてみたが、そのたびに「いや、べつにいい」と言われることが続いた。

書籍化の可能性がある話は、前から伝えてあった。

彼にとって、ウェブと書籍はちょっと意味が違うらしく、本が出るときは教えてほしいと言われていたので、私は打ち合わせのあと、彼に話をした。

「今日、ドラえもんとコナンを作った出版社に行ってきたんだけど」

「え、ドラえもんとコナンって、同じ会社なの？」

「うん、そう。あと妖怪ウォッチとか。でね、その会社から、キミのことを書いた本を出そうと言ってもらっているのだけれど……」

「え？　マジで？　そんな有名な会社から本が出て、僕が超有名になっちゃったらどうするの？」

「いや、『ドラえもん』ほどは売れないと思うから、そこは多分大丈夫」

「あと、僕、イケメンじゃないけど」

「いや、キミの名前や顔写真は出ないから、それは大丈夫」

「そうなんだ、じゃあ、頑張って」

「あ、聞きたかったのはそういうことじゃなくて」

なんだか、噛み合わないまま会話が終わりそうだったので、私は慌てて話を続ける。

「本に出す原稿を、読んでチェックしてほしいんだけど」

「ああ、それは、だから好きに選んでいいよ」

「うーん、できれば、キミが納得した原稿だけ出したいんだけど」

「僕がチェックするとつまらなくなるんじゃないかな」

「……そっか。わかった。もしよかったら、いつか大人になったときにでも読んで」

と言ったら、息子がつぶやいた。

「ママ、死なないでよ」

と。

「え？」

と聞き返すと
「死んだときに、ママはこんなふうに僕のことを思ってくれていたんだとか、読むの、絶対悲しすぎて嫌だから」

と、言う。

「うん、でもまあ、いつか死ぬし、死んだときは読んでほしいと思うけれど」

と答えると
「多分、辛くて読めないと思うから、死なないでほしい」

と言う。

遺言だと思って書いているんだけどな、と考えながら私は、

「あ、じゃあ、もしもキミに子どもができたら、そのときに読んでくれたら嬉しいかも」

と言い直した。

「うん、それは、わかった」

と、彼は言う。


三年生から五年生になった彼。すらりと伸びた手足だけではなく、彼はこの期間にとても大きくなった。

母親九歳から十一歳になった私。私も、この期間に、一緒に大きくなった。

息子の〝小さき声〟を聴く

今日からしばらく出張だ。朝、早く家を出ようとしたら、ベッドの中にいた息子氏が、半分寝ぼけた声で私に声をかけてくる。

「いってらっしゃい。お仕事、頑張ってねー」

ありがとうと返事をすると、

「ママが頑張っている間、僕は、しっかり地球を守っているから」

と、言う。

布団の中から話しかけてくるので、寝言なのか、本気なのか、ジョークなのか、よくわからない。たしかに、映画の中でも、人知れず地球を守るのはいつだってティーンエイジャーだ、などと思う。

子どもが使う日本語は面白い。私は文章を書く仕事をしているけれど、子どもが使う言葉のように、ビビッドな言葉はなかなか思いつかない。

先日は、突然ＬＩＮＥに「人生がつまらない」とメッセージがきた。取材中に、ぴこんと、こんな通知がくるとどきっとする。

取材が終わってあわててLINEを開くと「どこか、遊びに行こうよ」と続いていた。春休みになって、時間を持てあましているみたいだ。


一緒にご飯を食べに行ったときに、唐突に、「人間って、残念な生き物だよね」と言い始めたこともあった。何の話かと思えば、「立ったままトイレできない動物って、襲われたら生き残れないんだよ」と言う。なるほど、たしかに人間は残念な生き物である。キミだって、めちゃくちゃ脆い感じで生まれてきたんだぜ。

かと思ったら、先日は「でも人間は、考える能力を持ってきたから強いよね」って言っておった。彼の発言のソースはどこにあるのか。想像すると、面白い。


彼に怒られたこともある。

あれは、一緒に白川郷に行ったときだった。コロナの影響で学校がしばらくオンラインOKになるというので、すぐに浮かれる我々は、「世界遺産が見たい」とのたまう彼のリクエストで、白川郷に向かった。

旅行といっても、日中はお互い授業と仕事がある。そのときは、私があるオンラインセミナーで登壇をしていて、ホテルの部屋から、参加者であるライターさんたちの質問に答え続けていた。質問が多くて一時間延長になったのだが、やっと終了して

「よし、終わった！　遊びに行こう！」

と、彼に声をかけたときだった。それまで、ゲームをしていた息子が、

「ねえ、ママ、あの言い方は良くないと思う」

と、顔もあげずに言った。

「え？　何のこと？」

と聞くと
「ママ、さっき、そんな安い原稿料で仕事を受けちゃダメだよ、って言ってたでしょ」

と言う。なんだ、聞いていたのか。

「うん。でも、ママは同じ仕事をしている友達が、不当な金額で雇われるのは、ちょっと我慢できない」

と答えると
「でも、その人、その仕事をもうやってるんでしょ」

と、息子は言う。そう言われて、はっとする。


そうか。たしかに、いま、一生懸命頑張っている仕事にケチをつけられたり、自分の担当編集者が不誠実ではないかと指摘されるのは、ストレス以外の何ものでもないよなと、私は反省する。

進行中の仕事にあれこれ言われるのは、相手も嫌だろう。逆の立場だったら、私は

嫌だ。「次はもう少し交渉できると思いますよ」とか、もっと違う言い方があったはずだ。

すぐに、相手にお詫びのメールを入れた。先方は「気にしていない。むしろ、相場について教えてくれてありがとうございます」と言ってくれたけれど、でも、私が放った言葉は少なからず彼女を傷つけただろう。なにせ、横で聞いていた他人が、「その言い方はひどい」と思ったくらいなのだ。

大雑把なコミュニケーションをとる私に対して、息子はずいぶん優しいし繊細だな、と思うことがときどきある。

彼がたまに使う言葉に「なんか、ごめんね」という言葉がある。これを発するときの彼の気持ちを想像すると、私は彼をとても愛おしく感じる。

どういうときにくり出される言葉かというと、たとえば私が、サーモン好きの息子のために、それを買って食卓に出したときなどに使用される。

「どう？　おいしい？」

と聞いたとき、彼は、

「うーん、これ、いつものやつと味が違う。いつものほうが好き」

と言いながら、最後に

「あ、なんか、ごめんね」

と、つけ加える。

サーモンが好物の自分のために買ってきてくれたということはわかっているのだろう。だけど、適当な嘘をつくと、次も同じ店で買われてしまう。そんな葛藤が、小さな体の中で起こっていることを想像すると、もう本当に愛おしくてたまらない。

私が好きな服、食事、ドラマ、インテリア。それについて意見を求められたとき、彼は「いいね。僕も好き」と言うか、「うーん、あんまり好きじゃない。なんか、ごめんね」のどちらかを言う。

こういう優しさは見習いたいな、と思う。


そうだ、ピアノに関してもそうだった。

マンションのお隣さん（だと思う）の家に、どうやらピアノを習い始めた子どもがいるらしい。「らしい」というのは、会釈をする程度の仲だからだ。

まだ習い立てなのだろう。何度も何度も曲をやり直す音が聴こえる。私は、ピアノの音が鳴るたびに、「うーん、これがあと何年続くのかな」と思ってしまう。

でもあるとき、息子がこんなことを言った。

「ねえママ、隣のお部屋からピアノの音が聴こえるの、気づいてた？」

と、彼。

「うん、気づいていた」

続けて、「あれ、気になるよね」とつけたそうとした瞬間、

「あれ、いいよね。僕、あれを聴いていると、癒されるよ」

と、言うので、あわてて出かかった言葉をのみこんだ。

「そうか、息子氏は、ピアノの音が好きなのね」

と言うと
「うん、何度もつっかえていたところが弾けるようになってるの、すごいよね」

と答えるから、懺悔した。神様、すみません。何度もつっかえるのを聞きながら、イライラしていた私のことをお許しください。アーメン。


いやはや、もちろん、彼の言葉がいつも、私にとって耳に優しいわけではない。生意気も言うし、そりゃ詭弁だろと思うこともあるし、ムカつくこともある。いや、めっちゃよく、ある。

でも、彼との会話で、目が行き届かなかった世界を見ることもある。

私は、彼の小さき声を聴くのが好きだ。

自分の意見をぶつけてくれる大人たち、最高だ！

もうだいぶ前のことになるけれど、留守を頼んで息子氏を見てもらっていた母親に、我が家の教育方針を聞かれたことがある。

細かい内容は忘れたけれど、

「今日、息子氏からこういう質問されたんだけど、どういうふうに答えればいい？」

みたいなことを聞かれたので、

「え？　別に、お母さんが思った通りに言ってくれればいいよ」

と答えた。母は不思議そうな顔をした。

「でも、あなたたち（両親）と意見が違ったことを言ったら、困らない？」

と聞いてくる。

「全然、困らない。家族であったとしても、意見が違うことがあるのは、当たり前だと思ってるから」

そう伝えると、母はふーん、と言った。

「だいたい、社会に出たら課長と部長の意見が違って困るなんてこと、しょっちゅうあるじゃん」

「まあね」

「彼のことを大事に思っている人の助言なら、別に、全員違うこと言ってくれていい。どれを選ぶかは、彼が決めればいい」

「なるほど……よくわかった。じゃあ、そうするね」


母は最初、驚いたみたいだったけれど(そういえば、我が家は父と母の意見が常に一致している家、というか一致させている家だった)、納得してくれたみたいで、それ以来、母は母なりのやり方で息子に接してくれているようだ。

いろんな人の価値観に触れて、ときには混乱しながら、大きくなってくれたらいいなと思う。


息子にいろんな意見を伝えてくれるのは、家族だけではない。

私の家は、友人がよく遊びに来る。そういうとき、息子はだいたいゲームをしながら、その場にいるともなしにいるのだけれど、ときどき大人の会話に口を出してくることもある。

先日、ちょっと席を外した間に、息子が何やら私の男友達と言い合いをしていることがあった。

「そんなの、お金払えばすむ話じゃん」

と言う息子に、

「なんでもお金で解決できると思うなよ。まずは、相手の気持ちを考えるのが大事だろう」

と、友人が応戦してる。何について揉めているのかわからなかったけれど、少なくとも大人サイドは真剣だ。


「すぐにお金の話をするのも、品がないぞ」

と、指摘をした友人に、

「どうして？　お金の話をするのは汚いことじゃないよ」

と、息子もゆずらない。


相変わらず、何の話をしているのかわからないけれど、お互いに一生懸命主張をしていて、とっても素敵だなあとほくほくしながら見守っていたら、

「ママだって、お金の話は大事なことだから、隠すことじゃないって、いつも言っているよ！」

と、急に矛先がこっちに向かってきたから、あわわわわとなった。急に息子と友人からの視線をあびた私は
「うん、でもお金のことって、いろんな考え方があるよね。息子氏も、そう言われると不快な気持ちになる人がいるってことを、知れてよかったじゃん」
みたいな優等生発言をして、その場は終わった。

それにしても、いろんな人がいろんな意見を、しかも真剣に、息子に語ってくれるのはありがたい。友人にも、教育的指導をありがとうと伝える。


よくご飯を食べに行く屋台で、店主のお兄ちゃんが、息子にぐいぐい漫画をおすすめしてきたこともあった。

「オレ、この漫画を読んでから人生観が変わったんだよ。すげーいい話なんだよ。お前も読めよ。ぜったい感動するから。ほら、貸してやるよ」

と、漫画を押しつける。

「いや、別にいい」

と、その場ではクールに答えていた息子だけれど、家に帰ってきてから
「ねえ、さっきのおにーさんが言っていた漫画、やっぱり読んでみたい」

と、言い出した。

一巻だけkindleでダウンロードしてあげたら、どハマりしたらしく、全巻買ってというので、紙の漫画を大人買いした。

彼は毎日こつこつ、それを読んでいたようだ。


その後、息子とまたそのお店に行ったときのこと。

おすすめされた漫画を、息子が読み始めたことに喜んだお兄さんは、鼻息も荒く「どのエピソードが好きか」だの「どのキャラが一番いいか」など矢継ぎ早に質問し、「早く13巻まで読み終わってよ」と、圧をかけていた。

テンションが高いお兄さんの反応に対して、息子は相変わらずちょっと引き気味に、でもちゃんと相槌をうちながら聞いている。


もう、最高だ、こういうの。

親ではない大人が、本気の本気で自分の好きなものを押しつけてくるのって、めちゃくちゃ最高だと思う。

こんな大人たちに(大人じゃなくてもいい)、もみくちゃにされて育てばいいと思う。

彼の周りに、愛情たっぷりの大人たちが入れ替わり立ち替わり現れてくれることに、私はいつも心から感謝している。

キミと出会った奇跡

駅から家までの道のり。肩を並べて歩くと、ずいぶん大きくなった息子氏に気づいた。
「なんか急に大きくなったねえ」
と言うと、ちょっと背伸びをするような仕草をしたので
「ママの身長を抜かすのはいつくらいかなあ?」
と言ったら
「いや、僕、ママの身長は、ずっと追い越したくない」
と答えるので驚いた。

「どうして?」

と聞くと、

「ほら、なんだか終わりが近づいてくる感じするじゃん」

と答える。

「終わり?」

「そう」

「それってママが、歳をとっていくのを実感するってこと？」

「そうそう。ママ、ちゃんと長生きしてよー」

と、彼はおどけた調子で私の肩をぽんぽんと叩いた。


私は、体が弱い。

子どものときから持病があり、大人になってからは、時としてそれにかなり強い痛みを伴うようになってきた。痛みが強いときは、意識が朦朧とするし、深夜の病院に駆け込むこともしばしばある。


ここ一週間ほどは、その痛みがえぐいくらい続いていた。彼にとっては、小さなころから慣れっこの光景だけれど、ふと不安になったのかもしれない。

心配をかけてかたじけないと思いながらも、彼がいるから頑張れているなと思うこともよくある。


彼は、私が三十五歳のときの子どもだ。以前、

「ママがもっと若いころに、僕を生んでくれればよかったのに」

と言われたことがある。理由を聞くと、

「若いときに生んでくれていたら、僕が大人になったとしても、まだママもそんなに歳じゃないでしょ。そのぶん、長く一緒に過ごせるじゃん」

と言う。


「たとえばいつごろに生んでほしかった？」

と聞くと
「ママが一人目の人と結婚していたころとか」

と言う。申し遅れましたが、ワタクシ、バツ2でございます。

「いや、そのときに生んでいたら、生まれてくるのはキミじゃなかったから」

と答えると、きょとんとした顔をしていた。

「キミは、パパとママの掛け合わせだから生まれてきたのであって、前のダンナさんとママの掛け合わせだったら、キミはこの世の中に生まれてきてないよね」

と話しても、まだピンときていないみたいだった。うーん、性教育は難しい。

ちょっとひよった私は、

「ママは一人目のダンナさんと結婚してたとき、子どもが欲しいと思ったことはなかったんだよ。パパに出会って、子どもが欲しくなったから、キミが生まれたんだよ」

と言ったら、それは理解できたらしく、「ふーん、そうか……」と、何度か頷いていた。


そうなのだ。

キミとママが今世で出会えたのは、ちょっとした奇跡だったんだ。


中学生のとき、身長が伸びるのに合わせて、背骨がぐんぐん湾曲してしまう病気になった。私たちの世代に突然増えた病気で、原因も解明されていなかったし（これは三十年以上経ったいまでも解明されていない）、治療法も確立していなかった。

小学校高学年から中学生の発症率が一番高いのだけれど、その子どもたちが大人になったときに、どんな症状が出るのかも、当時はほとんどわかっていなかった。


主治医の先生は、当時中学一年生だった私に、

「子どもを生むのは相当大変だと思ってください」

と言った。のちに母に確認したら、

「妊娠すると背骨に負担がかかり、ヘルニアなどの病気を併発しやすく出産も大変だ」

という意味だと認識していた。が、私は、

「そうか。私、子どもは生めないんだなー」

と解釈した。まだ十二歳だったから大きな感慨はなかったが、しかしもちろんその

認識は、私のそれからの人生選択に影響を与えた。

二十四歳のとき、「子どもは欲しくない」と言った人と、結婚した。十八歳年上だった。なんていい相手を見つけたのだろうと思ったし、神様に感謝した。私たちは子どもを持たなかったけれど、犬を二匹飼って、仲良く暮らした。よく考えたら、結婚してから離婚するまで、ずっと仲が良かったと思う。

人生が大きく変わったのは、三十歳のとき、同世代の女性の取材をしたことがきっかけだった。彼女に聞いていたテーマは、「笑顔の効用」についてだったけれど、ふとした拍子に、子ども時代からの持病が大変だったという話が出た。それが、私と同じ病気だったのだ。

あれ？　でも、この方、お子さんが二人いたよな？　ん？？？

あとから取材音声を聞いたけれど、後半の私の質問はなんだかちぐはぐだった。混乱して取材どころじゃなかったのだと思う。

インタビューが終わって撮影に入る空き時間に、私は思い切って彼女に尋ねてみた。

「実は私も同じ病気です。この病気って子どもを産めないって聞いていたのですが、そんなことないですか？」

彼女は親切に出産について話をしてくれた。

たしかに妊娠することで背骨には大きな負担がかかる。でも、ちゃんと妊娠中の管理をすれば、出産も可能だと言われましたよ。

その話を聞いたときの感覚を、どんな言葉で表せばいいだろう。

私は、子どもが苦手だった。学生時代から、「子どもが嫌い」と公言してきた。でも、「生めるらしい」と知ったとき、足場がぐらっとしたのがわかった。

生める？

え、じゃあ、生みたい？

いや、私、子ども嫌いじゃなかったっけ？

え、でも、生めるのであれば生みたいかも。

あれ？　私、子どもが嫌いなんじゃなくて、嫌いだと思い込もうとしてたのかな。

取材からの帰り道、私は、混乱していた。

帰宅して、夫に
「私、なんか、子ども産めるかもしれないんだって」
と伝えたら
「へええ、そうなんだ」
と、夫はテレビを見ながら言った。
「ねえ、赤ちゃん欲しいっていったら、どう?」
と聞くと
「いや、僕は欲しくない」
と即答された。今度はテレビから目を離して、私の顔をまっすぐ見ていた。
たしかにそうだ。私たちは、その合意のもとで結婚したのだった。いまさらそれを言うのはルール違反だ。

私たちは、その半年後に離婚した。
そしてその一年後、私は再婚し、さらに二年後、息子を授かった。

キミと出会えたのは、

「産みたいのだったら、新しい人生を歩くといいよ」
と言ってくれた前の夫と、子どもを望んでくれたキミのパパがいたからなんだよ
――。

今日、学校に行く息子を玄関まで見送ったら、

「僕が帰ってくるまで、ちゃんと生きていてね」

と、冗談なのか本気なのかわからないことを言って、出ていった。

心配をかけて、申し訳ないし、かわいそうだなと思う。面倒な病気だなとも思う。

だけど、この病気がなかったら、彼とも出会えなかったなと思う。


人生なんていつも、振り返ってからわかることばかりだ。

キミと出会えて良かった。

歴史の目撃者

ワーケーションプログラムなるものに子連れで参加した。
場所は長崎県五島列島。約二週間の期間の間に、六十人ほどのメンバーが入れ替わり立ち替わり島に滞在し、昼間は仕事（しなくてもいいけれど）、夜は一緒にバーベキューしたり焚き火したりして、都会ではできない体験をしましょうという内容だった。

子どもをアウトドアスクールやシッターサービスに預けられる期間もあって、それならば、休日は一緒に遊び、平日は息子氏をスクールに預けて参加してみようと、十日間のコースに申し込みをした。

たとえ0歳児であってもPCR検査の陰性結果がなければ、参加できない。事前説明会やオンライン交流会への参加も必須だったりして、運営サイドの丁寧な心配りを随所に感じる。

プログラムのルールとして、最初の三日間は、全員キャンプ場のバンガローで相部屋となる。

五島に着いた日は、気温三十二度。

鍵を受け取ってバンガローに入ると、サウナのような暑さだった。エアコンはコイン式。１００円入れて冷房の温度を十八度まで下げ、なんとかひと心地つく。


さっそくリュックの中からスイッチを出した息子は、

「ここ、ＷｉＦｉがゴミ」

とぶつぶつ言っている。どうやらＷｉＦｉが弱くて、ゲームができないらしい。さっそく離島の（というか、キャンプ体験の）洗礼を受けている。

キャンプ場の目の前は海だ。「ゲームはあとにして、遊ぼうよ」と、息子を誘い、私は水着に着替えて海に飛び込む。灼熱の太陽を反射した海は、ぬるくてまったりする。ぷかぷか浮かんでいるだけで、体のこわばりがほどけていく。

最初はあまり乗り気じゃなかったような彼も、少しずつ深い場所に移動してきて、海の中でおいかけっこをしたら、めちゃくちゃ楽しかった。

くたくたになって、その日は倒れるように眠った。


バンガローは四グループ七人の相部屋だった。乳児、幼児、息子、そして大人四人。布団を重ねるように敷いて、やっと寝られる雑魚寝。「こんなの、学生時代の合宿時代以来ですねー」なんて言い合いながら、自己紹介をする。

キャンプ場の近くにレストランはほとんどない。参加者たちは、それぞれ協力しながら食糧を調達していた。

最初の夜は運営が用意してくれたバーベキューを食べ、次の日は、朝、海で釣った魚を食べる。隣のバンガローで作ったというカレーをお裾分けいただき、こちらはこちらで大量に作った唐揚げとお味噌汁を差し入れする。

同じ部屋に、「漁師町で育ったので」と、バーベキューで余ったサザエを手際よく炊き込みご飯にし、釣ったアジを南蛮漬けにしてくれた人がいた。部屋にある調味料は酢と醤油だけ。こんなの自分で作れるんですね！　と感動した私たちは、レシピを聞いてすかさずメモをする。

「塩コショーはありませんか？」

「油、たしか、あのバンガローにあったはず！」

「フライパン、余っていたら貸してください」

あちこちで貸し借りが行われている様子は、何かとてもあたたかかった。昔の日本って、こんな感じだったのだろうか。

誰がどこでふだんどんな仕事をしているのか。そんなこと一切関係なく、同じ釜の飯を食べる。

協力したのは、炊事だけではない。買い出しに行きたい人は、運転ができる人に連れて行ってもらう。「いまからスーパー行きますけれど、誰か相乗りしますか？」そんな会話が頻繁に交わされている。

泳ぎが得意な人は、同室の子どもを連れて海に行き、お留守番をする人は、かわりに赤ちゃんを預かる。

ママがシャワーを浴びている間は、誰かが子守りをし、年齢が近い子どもたちは、集まって一緒に遊ぶ。

おむつのサイズ、いくつですか？　一袋買って、シェアしませんか？　そんな声も聞いた。

揚げ物をした私が、「しまった！　固めるテンプルを買い忘れた」と言うと、別のママがおむつの給水シートで油を綺麗に片付けてくれた。すごい。そんなライフハック知らなかった！

夜、砂浜で上映される映画を観に行くというママさんの赤ちゃんを、息子と二人で預かったのが楽しかった。飛行機に乗り、海辺を散歩した赤ちゃんは、興奮しているのか、なかなか寝つかない。そんな小さな小さな男の子を、息子は

「かわいいねえ、かわいいねえ」

と、ずっと頭をなでている。おっかなびっくり抱っこして、やはり
「かわいいねえ、ほんと、かわいいねえ」

と言っている。

彼が、小さな子に対してこんなに優しいことを、初めて知った。

そういえば保育園の先生にも学童の先生にも、「下の学年の子にとても親切なんですよ」と言われたことがあったけれど、へええ、こんなふうなのか。すごく素敵な子だなあと、母はちょっと感動する。


その夜、ずりばいする先を、二人で追いかけていたら、ふいに赤ちゃんが足を蹴り出し腰を持ち上げ、ハイハイをしはじめた。

「!!!!」

私たち二人は目を合わせる。

「いま!」

「うん! いま、ハイハイしたよね!!!」

「うん、した!」

「すごい。歴史的瞬間に立ち合ってしまったね!」

と、私たちは嬉しくなった。すごいすごいと連呼する私を見て、息子が

「でも、ママ、ハイハイのことは、○○くんのママに言わないほうがいいよ。初めてのハイハイは、自分で見たいもんじゃない？」

と言う。

「た、たしかに！」

私たち二人は大事な秘密を共有したような気持ちになって、ふふふって笑った。結局、我慢できなくなって、報告しちゃったけれど（私が）。

ハイハイできたことにさらに興奮したのか、なかなか寝ない赤ちゃんを抱っこして外に連れ出す。波の音がする浜辺を歩きながら少し揺らすと、時を待たずに、コトンと眠りに落ちた。

ああ、かわいい。そして懐かしい。

この、眠るときに頭が熱くなる感じ。その瞬間だけ、子泣きじじいのようにずっしりと重くなる不思議。

バンガローに戻り先に眠ってしまった息子の隣の布団に、そっと赤ちゃんを寝かせる。息子も十年前はこんなに小さかったんだよなーと思うと、愛しさが増す。

五島の夜は、幸せがたくさんだった。

世界を柔らかく包む言葉

大切な友人たちが続々と呪われている、という話をしてもいいですか。

いま、周囲に妊娠中の友人が多い。全員歳下で、だいたい一人目の妊娠だ。そんな友人たちから、立て続けにこんな話を聞いた。

「妊娠したと伝えると、会う人会う人に『子育て大変だよ〜』って言われてめっちゃブルーなんですけど、あれなんなんですか！（怒）」

え、そんなことある？　私、妊娠したとき、そんなこと言われたことなかったけどなー、と思って話を聞いていたら、

「こっちは、大変だろうというイメージを持って子どもを作ったんですけれど、それに追い討ちをかけるように、『いやいや、想像以上に大変だよ』って言うんですよ」

とか

「生んだら自分の時間なんて全然ないから、いまのうちにやりたいことは全部やっといたほうがいいよと言われて、落ち込みました」

「せめて、大変だけど、楽しいことも多いよと言ってくれればいいのに」

とか

とかとか……。

よく聞くと、そういう「一見アドバイスに見えるけど、当人にとっては呪い以外の何ものでもない」言葉をかけてくる先輩ママたちは、一人や二人じゃないらしい。

うーん。辛い。

そんなことを何人もの先輩ママから言われる彼女たちも辛いだろうけれど、そんなことを後輩に言わなきゃいけない先輩ママたちのメンタルも心配だ。なんだか切ない気持ちになった。

「子どもを生むのが怖いんですよね」と、言った人もいる。フリーランスとしての働き方や、子育てと仕事のバランスなどについて取材されていたときのことだった。

三十歳になったばかりだという彼女は、「子どもが欲しいとは思っているけれど、どのタイミングで生めば良いのかわからない。仕事に戻れなくなったらどうしようと、考えれば考えるほど生むのが怖くなってしまう」と話してくれた。そしてそれは彼女だけではなく、同世代の友人たち共通の悩みであるという。

ネットで検索をすると、子育ての大変さばかりが取り上げられている。子育てと仕事の両立。自分にそんなウルトラCができるのかわからない。不安が先立って、妊活にのぞめない。そんな話を聞いた。

たしかに、子育てや働き方についての取材を受けると、たいてい「子育ては辛いもの」「仕事との両立は（主に）母親の忍耐の上に成立するもの」という前提で取材の質問が組まれている。特に、若い女性が読む媒体で、その傾向が強い。

そういう「子育ては修羅の道」前提で取材をしてくださっている方々に、できることなら伝えたいなと思うのは、

「そりゃいろいろ大変なこともあるけれど、おおむね幸せに、子どもがいる人生が楽しいなあと思っている人たちも、結構いると思いますよ」

ということだ。

いや、もちろん、今この瞬間にも子育てが辛くて悩んでいる人もいると思う。そういう人たちには、救いの手があってほしいと切に思う。

でも、本当に「そういう人ばかり」なのだろうか。

特に、私たちメディアに関わる人間は、ネットの中の声だけではなくて、もっと身近な人たちの声を聞いたほうがいいのではないだろうか。

たとえば、息子の同級生を見渡すと、きょうだいがいる子のほうが圧倒的に多い。子どもを生み育てることが辛くて辛くて修羅の道だったと感じる人たちばかりだったら、世の中は一人っ子だけになるだろう。そうじゃないということは、二人目、三人目が欲しいと思うほど、子育てが楽しかった人たちがいるということではないだろうか。

そういう、ささやかな幸せは、あまり話題にならないし、現状に比較的満足している人たちは、わざわざ声を大きくして、主張もしない。

大変も幸せも、両方あって、おおむね幸せ。

話すほどでもない幸せは、ちゃんとある。

先日、あれは何かの行事の帰り道だったと思うけれど、同級生の子どもと親たち何人かで、ラーメン屋に行った。

子どもたちが、メニューを見て相談しながら、わちゃわちゃと好きなものをオーダーしている様子がかわいい。思わず「かわいいなあ」と言ったら、隣で同じように「かわいいねえ」と言ったママと、声がかぶった。「あはは、親バカっぽかったね」と笑い合ったけれど、たとえば、そんな幸せがある。

つい最近は、「ママ、疲れてる？」と息子に聞かれたので「ああ、ちょっと仕事で失敗しちゃったんだよね」と言ったら、「どんなふうに？」と尋ねられた。

その状況を話したら、彼は「そうか。それは悲しかったねえ」と、私に言ったから、驚いた。お前はモテ男か！ と心の中で突っ込んだあと、ふいに泣きそうになった。この子、優しいなあ、いつの間にこんなに大人になったんだろうと、思ったからだ。

たとえば、そんな幸せとか。

やっぱり、わざわざ書くほどのことでもない。けれども、そういうタイプの幸せが、たしかに存在する。

＊

私の妊娠が判明したとき、歳上歳下にかかわらず、先輩ママたちが私の妊娠をものすっごく喜んでくれた。

あれ？ 私、この人と親戚だったかな？ と思うくらい、おりにふれてマタニティグッズを送ってくださった人もいたし、予防接種や保活など、わからないことを尋ねたら懇切丁寧にそのコツを教えてくれた人もいた。

ある人は、「ゆみちゃんが、これからこんなに楽しい子育ての経験をするのかと思ったら、もうそれが嬉しくて嬉しくて」と、うるうるしながら妊娠を喜んでくれた。
私が知る中で最も仕事の鬼だった友人も、「私、仕事以上に打ち込めるものはないと思っていたけれど、子育てプロジェクトも相当エキサイティングだから、楽しみにしてなよ」と、大きくなったお腹に話しかけてくれた。

あのころは、「どうしてみんな、こんなに親切にしてくれるんだろう」と不思議だったし、「人の妊娠をなぜそんなに喜ぶんだろう」と謎だったけれど、いまでは、その気持ちがよくわかる。

こういうささやかな幸せが待っていることを、そしてそれを未来の私が経験することを先輩ママたちは知っていて、喜んでくれていたのだろう。

だから私も、おせっかいだと思いながらも、妊娠した友人たちに話したくなる。妊娠をのぞみながらも、不安を抱えている彼女たちに伝えたくなる。
「子どもが生まれると、できないことが増えると思うかもしれないけれど、実はできるようになることもすごく多いんだよ」
と。

そう思えるのはきっと、私が先輩ママたちのあったかい愛情に囲まれて、そりゃやっぱり大変なことや眠いこともあったけれど、おおむね楽しく育児ができてきたからだろうなと思う。

いや、先輩〝ママ〟だけではない。子どものいない先輩から、こんな言葉をかけてもらったことがある。

「子どものことを語ることに、躊躇しなくていいんだよ。生んだ人には生まなかった人や生めなかった人の気持ちはわからないけれど、その逆もまた同じなのだから。でも、それでいいのだよ。お互いを理解しようと思えればいい。そのために言葉があるし、文学があるんだからね」

この彼女の言葉にも、とっても大きく優しく包まれたと感じている。

いま、書いていて気づいたけれど、世の中には、私たちの「分断」を進める言葉と、私たちの世界を柔らかく包む言葉があるんだな。

自分が言葉を放つときは、できれば世界が丸く柔らかくなればいいなと思う。まずは自分のすぐ近くの小さな世界から。

子育ては、何かと闘うだけのものではないのだ。

今がそのタイミングだった

出張帰り、駅に着く時間が同じくらいになりそうだったので、一緒にご飯でも食べようと、塾帰りの息子氏と待ち合わせした。

改札を出ると、それらしき子がいない。キョロキョロしてたら、「え？　あれ、うちの子か？」ってなったのが、壁にもたれてテストの問題を見直してる少年だった。うちの子やん。え、うそ。待ち時間に、テスト見返してるなんて、となった。

過去に一瞬進学塾に通って大変な目にあった息子は、「中学受験は絶対しない」「塾にも行かない」と主張していた。これまでお願いしていた家庭教師の先生も、コロナが落ち着いて本業の塾が忙しくなってきたとのことでお願いできなくなった。

私自身も、「中学受験をしないなら」と、ここぞとばかり息子と旅行したり遊びに行ったり映画を観に行ったりするのを楽しんでいた。

中学生になったら、親と出かけることを嫌がるようになるかもしれない。いまのうちに堪能し尽くそう。そんな気持ちもあったと思う。

とはいえ、お出かけデイは良いとして、ふだんのキミ、あまりにも毎日ゴロゴロしながらスイッチとYouTubeをいったりきたりなのもいかがなものかなあと思っていたところ、お友達のママが、家から一駅のところにある塾を勧めてくれた。

「すごくアットホームで、のんびりした塾だから、マイペースで勉強したい息子氏に合うかもしれないよ」

と。


そこで試しにと、五年生になってすぐに体験授業に行ってみると、クラスには彼の他に一人しか生徒がいなかった。ほぼ、マンツーマンだ。そういう空気もよかったのかもしれない。

「国語も算数も面白かった。続けてみたい」

と言う。へえぇ、と思ったのだけど、以前通っていた塾に比べて信じられないくらい良心的なお値段だったこともあり
「うん。じゃあ、いいんじゃない」

と、伝えた。それが、待ち合わせの数カ月ほど前のことだった。


この日は、塾で小テストがあったようだ。駅で「久しぶり、ただいま」と言ったら、

「ここ、わかってたのにミスった」と言いながら、テスト用紙をバッグに戻す。

「へええ、勉強楽しい？」

と聞くと
「いや、それほどでも」

と答える。その日は久しぶりに一緒にご飯を食べた。


自分の子どもを馬にたとえるのはどうかと思うが、こと、息子と接していてよく頭に浮かぶ言葉は、「馬を水辺に連れていくことはできても、水を飲ませることはできない」ということわざだ。イギリスのことわざらしい。よかれと思って環境を与えても、本人にその気がなければ始まらないといった意味だという。


そうか、彼にとっては、今がそのタイミングだったのかと感じる。

水辺に連れて行ってくれたのは、多分、塾の先生やクラスのお友達だろう（その後クラスは五人になったと言っていた）。

それ以降、リビングで勉強をしている姿をよく見るようになった。学校の宿題をやっているのか、塾の宿題をやっているのかはわからないけれど、なにやら鉛筆を走らせている。

家に帰ってきたらすぐに宿題に手をつけるのは、私と真逆の性格だ。まずは気にかかることを終わらせてしまい、そのあと存分にスイッチやＹｏｕＴｕｂｅにいそしみたいようだ。彼は昔から、好きなものを最後に食べるタイプだけれど、そういうのがふだんの生活にもあらわれているのかもしれない。


「塾、楽しい？」

と聞くと
「うん、楽しい」

と言う。

「どんなところが？」

と聞くと、

「友達が」

と答える。

「勉強、面白い？」

と聞くと、

「いや、そうでもない」

と言う。


この夏休み、彼は北海道のおばあちゃんの家に行っていた。一週間くらい向こうで

過ごしたころだっただろうか、突然、東京にいる私のＬＩＮＥがぴろんと鳴って、

「ねえ、家庭教師の先生に来てもらいたい。無理？」

と連絡がきた。北海道で彼は、いとこたちと過ごしていた。勉強好きのいとこたちの影響を受けたのだろうかと思っていたら、どうやらそうではないらしい。

「暇すぎて」

と、東京に帰ってきた彼は言う。

「なんか、予定があったほうがいいかなと思って」

どうやらスイッチとＹｏｕＴｕｂｅ三昧の夏休みに飽きたようだ。あとから、スイッチの見守り機能を見たら、一日十時間もゲームをしていたみたいだ。まあ、それは飽きるかもしれない。

そっか、わかったと私は、ネットで検索をしてみる。

「勉強嫌いな子のための家庭教師」という売り文句が目に入ってくる。こういうのがいいかもしれないな。そう思った私は、さっそく問い合わせをしてみた。すぐに、オンラインで面談をしてくれるという。料金は、覚悟していたお値段の半分くらいだった。

ｚｏｏｍに現れたチューターさんは、テンションの高いお兄さんだった。

「ママに勉強しろって言われたの？」

と質問されて
「いや、この人は、いままで僕に勉強しろって言ったことがない」

と答える息子。

「じゃあ、自分で勉強したいと思ったの？」

と聞かれ
「うーん、勉強したいわけじゃない。してもいいかなーって思った」

と答えている。横で聞いていて、ちょっと笑ってしまう。


無事に面談を終えた彼に、チューターさんは「一番合いそうな先生をご紹介します」と言う。後日、メールで送られてきた先生候補のプロフィールを見ると、十代だった。そうか、大学生って十代か。

「ちょっと緊張するね」

と、彼は言う。

「うん、いい先生だといいね」

と、私は答える。


我が家に家庭教師の先生がやってくる。

「この人は私を攻撃してこない」という安心感

ときどき、このエッセイを読んでくださっている方たちから、「優しい息子さんですね」とか、「素敵な親子関係ですね」とか言っていただくことがある。ありがとうございます。

で、す、が、優しいときの話を書いたり、おお今日は素敵な会話ができたと思ったときの話を選んで書いているのであって、毎時毎秒、優しかったり素敵な関係だったりするわけでは、もちろんない。

ただ、そういった感想をいただいて「あ、そういえば」と思い出したことがある。実は、私、あるときから、息子への接し方を変えたのだった。それについて書いてみたい。

あるときから、というか、具体的に言うと、二〇一五年八月からなのだけれど、私は対人関係における基本フォーマットをがらっと変えた。
なるべくいい人として、周りの人に接しようと決めたのだ。その〝周りの人〟の中に、息子氏も含まれる。彼が四歳のときだ。

それまでの私は、大変性格が悪かった。前にも書いたような気がするけれど、いつも自分のことしか考えていなかった。
自分より仕事ができる人が目障りだった。この人さえいなければ私に仕事がくるのに。「早くどっかいってくれないかな」と思っていた。
自分よりも仕事ができない人も足を引っ張られる気がして嫌いだった。やはり、「早くどっかいってくれないかな」と思っていた。嫌なヤツだ。

なのだけど、「あ、私、これから性格を良くしよう。いい人になろう」と思うきっかけがあった。ライターのMちゃんに出会ったのだ。

Mちゃんは、いつもにこにこしている感じの良い人で、
「この間、編集者の○○さんにお会いしたのですが、ものすごく人格者でいらして！」
とか
「ライターの△△さん、本当に素敵な方ですよね。私、感動しました！」

とか、いつなんどきも人を褒めている人だった。明るくて、爽やかで、屈託がない。仲間はみんなMちゃんが大好きだった。

が、性格がねじまがっている私は、ひそかに

「この人大丈夫かな。そのうち誰かに騙されるんじゃないかな」

と思っていた。あらゆる人を「いい人」だと言うからだ。面と向かって

「誰と会っても感動しましたって言ってるけど、Mちゃんの感動って安くない？」

と伝えたこともある。嫌なヤツだ。

彼女が褒めちぎっている人たちの中には、私がよく知っている人もいた。だけど、私にはその人たちが人格者には見えなかったし、むしろ、嫌な思いをさせられた人もいたから、「Mちゃん、人を見る目がないんじゃないか」、もしくは「高度なお世辞？ピュアなふりして意外とあざといとか？」とまで思っていた。

ところが、あるプロジェクトをご一緒するようになったときのこと。彼女が、演技でもお世辞でもなく、心の底からその人たちを素晴らしいと思っていることがわかってびっくりした。

そして、もっとびっくりしたのは、彼女に対しては、その人たちが「ほんとうにいい人らしい」ということだった。

私にはマウンティングしてきたり、横柄な態度をとったりする人たちも、Mちゃんの前では、「ほんとうに」いい人なのだ。実際、私が苦手な人だなと思う人でも、Mちゃんと一緒に会ったら、人が違ったようにいい人である。

最初は、「この現象、一体何？」と思っていたのだけれど、そんなことを何度もくり返しているうちに、謎がとけた。

そうか。こういう邪気のない、素直に人を信頼する人に対して、脅威を抱いたりマウンティングする必要がないから、みんな「嫌な人」になる必要がないんだな、と気づいたのだ。

Mちゃんは「私、周りにいい人しかいないんです」と、ナチュラルに言う。

でもそれは、「誰に対してもいい人」がMちゃんの周りに集まっているわけではない。「Mちゃんに対しては、自分のいい側面を丸出しして付き合う」ようにしている人が多いというだけの話だったのだ。

そして、ほとんどの人は、自分が「いい人でいられる」状況を心地よいと思う。だから、いい人の側面で付き合える人のことは、より好きになるし、より「いい人」でいようというサイクルがまわる。

結果的に、Mちゃんの周りの「いい人率」は、どんどん高くなっていく……。

なんということでしょう。

この法則に気づいてから、私は一念発起して、人との接し方をがらっと変えた。なるべく相手の、素敵な部分を、良い側面を、じーっと見てみようと思うようになった。それは、どうせ生きていくなら、Mちゃんみたいに、いい人に囲まれて毎日楽しそうに生きているほうがいいなと思ったこともある。

でもそれ以上に大きな理由は、私自身が、「Mちゃんといるときの自分が、一番好きだ」と思ったからだ。

Mちゃんといると、私はいつもとてもリラックスできる。この人は私を攻撃してこない。何かトラブルがあったとしても、話し合えば必ずわかってくれる人だという安心感は、私をとても楽にしてくれた。

Mちゃんの前では、肩の力を抜いて自然に振る舞える。そんな時間が増えると、自己肯定感もあがる。自分のことを、好きになっていく。

こんな幸せな経験を、私の周りの人にもしてもらいたい。私もMちゃんみたいな存在になりたいと思ったのだ。

心を入れ替えて、周囲の人をじっくり観察したり、相手に質問をしたりしてみると、これまで見えていなかった他人の新しい顔が見えるようになった。

いちいち仕事の細部にまで口出ししてくるなと思っていた人が、心の底から後輩を育てたいと思っていることがわかった。その前提で話を聞くと、その人の指摘はありがたいアドバイスばかりだった。私が素直に指摘に感謝したり、それを踏まえた新しい提案をしたりすると、とても喜んでくれ、どんどんチャンスをくれた。

「後輩の仕事を潰す老害」なんて思っていて、ごめんなさい。私は過去の自分に頭を下げる。

息子に対しても、同じ時期に、接し方を変えてみた。

もちろん、子どもなのだから、やぶってはいけないルールを教えることは大事だ。それは親の役割だと思う。間違っていると思うことは、伝えなくてはならない。

でも、自分や人を傷つけない範囲の行動に関しては、なるべく、彼の素敵なところ、かわいいところ、優しいところ、個性的なところ、そんなところをいっぱい見たいなと思っている。

そうやって、彼を見ているうちに、私はもっと彼を好きになってきた。素敵な考え方をするなあとか、面白いことを話すなあとか、なんて優しい心なんだろうとか。彼の言葉や行動に感動することも増えた。

毎回ではないけれど、

「ママは、キミのそういうところが、とても素敵だなあと思っている」

と伝えている。

そしてときどき、このエッセイにも、そんな私の気持ちを書いている。

シングルマザーなのに贅沢して大丈夫？

「ねえ、ママ、再婚したら？」

と息子氏に言われて、飲んでいたアイスティーを吹き出しそうになった。

「え、どうして？」

と聞くと
「ほら、ママ、身体が弱いからさ。もう一人稼いでくれる人がいたら、少し休めるし安心じゃない？」

とのたまう。

ママが働きすぎるのは、仕事が好きすぎるせいなのだけれど、すまん、心配をかけるのう。

「でも、いまさら、知らない男の人がやってきて、一緒に暮らすのって気にならない？」

と聞くと
「うーん、でも、ママが選ぶ人なら、僕に嫌なことはしないでしょ？」

と、言う。

「まあ、そうかもしれないけれど」

「だったら、稼いでくれる人がいたほうが楽じゃない？」

「お金を稼いでくれれば良いって問題ではないと思うんだよなー」

「え、じゃあ、何が大事なの？　ママはどんな人がいいの？」

「かっこいい人が好きです」

私は答える。

「イケメンってこと？」

「うん、まあ、それだけじゃないけれど、それもある」

「そっかー。イケメンかー」

息子はため息をつく。


「そもそもですね」

と、私は彼に向き直る。

「うん」

「お金を稼いでくれて、かっこよくて、なおかつ独身で。そういう人がですね、ママのようにバツ2で四十六歳の子持ちとですね、積極的に結婚したいと思いますかね?」

「あ――」

彼は、心底残念そうな声を出す。

「でしょ」

「うん、たしかに。たしかに」

二回言うな。


でも、そうか。

親が一人だと、いろいろお金面、心配になるよね。そうだよね。


お金の心配といえば、こんなこともあった。


彼は外食があまり好きではない。

「今日はご飯、食べてから帰ろうよ」

と誘っても
「いや、面倒だからいい」

と、家に帰って食べようとする。

いや、家に帰ったら食事の準備が面倒なのは私なんですけれど、と思うのだが、家に帰ればゴロゴロとYouTubeを見ながら食事を待てるからだろう。

そんな彼が突然、「牛角なる場所に連れて行ってほしい！」と言ってきた。最近、YouTubeに広告がよく出ていて気になるらしい。

息子が外食したいと言うことは滅多にないので、私も嬉しくて、じゃあ行こうとその数日後、近くの牛角に行ったのだが……。


お店についてメニューを開いた息子が、ちょっと心配そうな顔をしている。

「ん？　どうした？」

と聞くと、小さな声で
「ママ、シングルマザーなのに、贅沢して大丈夫？」

と、聞いてくる。

ごめん。ママは贅沢なご飯、キミに内緒でこっそりいろいろ食べてるんだ、と心の中で詫びながらも、

「うん、ママ、今月いっぱい働いたから大丈夫！」

と答えたら、安心したらしい。二人でお腹いっぱいお肉を食べ、その日は楽しい時間を過ごした。

そして、この日かわした会話は、妙にずっと記憶に残った。

＊

お金について子どもと話すことは、なかなか難しい。

私は、どちらかというと、「お金について人前で語ることは、はしたないことである」サイドの教育を受けてきたと思う。けれども、その「お金に対する心のブロック」が、いろんな弊害を生んでいる側面もあるなと思うようになった。

私はフリーランスとして二十一年間ライターをしてきた。

そして、「事前にちゃんと金銭面の合意をしないまま仕事を進め、あとから驚きの金額を提示されて、泣く泣く了承した」といったライター仲間の話を何度も聞いてきている。

これはあきらかに、「お金の話をするのは野暮である」といった文化が、間違った認識のまま継承されてきたからだと感じる。

私が子どものころの教科書や課題図書には「清貧が美しい」といった趣旨の内容がずいぶん多かった。けれども、そういった表現に慣れていると「お金を稼ぐということは、何か汚いことをしているのではないか」というバイアスがかかりやすくなるかもしれない。

最近、日本でも小中学生に対する「お金の教育」の重要性が議論されている。私も、できるだけフラットに、息子とお金の話をしたいと思っている。

数カ月前から、彼は、お手伝いをしてお小づかいを稼いでいる。

お皿洗い、おつかい、お風呂掃除、ゴミ捨て……など。実際にそれぞれの家事を何度かやってみて、その大変さ具合を認識したあと、彼と私はそれぞれ一回ごとの値段を決める労使交渉をした。

いまのところ、私たち二人の間では、この方法がとてもよく機能しているように感じる。

これまで、

「お皿洗い手伝ってよ！」

「ヤダ」

「これ、あんたも食べたでしょうが！」

とよくケンカになっていたのだが、いまでは息子自ら、

「お皿洗いしたいけど、ここにあるものだけで大丈夫？」

とか

「今日は、捨てるゴミはある？」
と聞いてくる。
彼なりに、誰かの困りごとを手伝うとお金をもらえるとか、お金を稼ぐことはそれなりに大変だということを肌で実感しているような節もある。

ときには
「今夜は十人も遊びに来るんでしょ。お皿洗いする食器の数も増えるから、二倍のお値段でどう？」
と、交渉してくることもある。そういう交渉も、大事だなと私は思う。
「よし、じゃあ、今夜は二倍で」
と言うと
「よっしゃー」
と喜ぶ。かわゆい。

しばらくこんな感じでやってみようかなと思っている次第です。

年末サンタ攻防戦

ふだんこのエッセイは、「こんなことを書こうと思うけれどいい？」と、息子氏に聞いてから書いている。

しかし、今日の話は別だ。


十二月八日。

「今年はサンタさんに何を頼むの？」

と息子に聞いたら
「ああ、ママには教えない。ママ、絶対に怒るから」

と言う。参ったな。


十二月十一日。

再び、それとなくトライするも、「直接頼むからいい」と、にべもない息子。

「それに、まだ早いでしょ」

と言うから

「いや、サンタさんも全世界の子どものプレゼントを用意するのに、まあまあ時間かかると思うんだよ」

と伝えたところ

「うーん、じゃあ、早めに手紙、書いておく」

と言う。その手紙、見つけられるだろうか。参ったな。

十二月十三日。

そういえば、と思い出す。昨年は北海道の実家でイブを過ごした。

「サンタさん、ちゃんとばあばの家のほうに来てくれるかなあ。東京の家に来ちゃったらどうしよう」

と心配していたので、家に置き手紙をして出た。

「サンタさん、今日は北海道のばあばの家にいます。住所は○○です」

と、かわいらしい字で書いていた。

「これで大丈夫だね」

と私が言ったら、彼は、にやりと笑って

「でも、サンタってママじゃないの?」

と言ったのだ。

あのときは、聞こえないふりをしたけれど、今年は再び「サンタさんに連絡するモード」になっている。小学五年生って、こんな感じだっけ？


十二月十四日。

いろいろ間に合わなくなる。背に腹は変えられない。一緒に歯医者に行く道すがら、「あのさ、これ、クラスの友達には絶対に内緒にしてほしいんだけど」と、私は切り出した。


「サンタさんて、いま人手不足なんだよ」

「え、そうなの？」

「うん、結構、人数減ってるらしくてさ」

「マジか」

「それでね、この何十年かは、全世界のママやパパがサンタの手伝いをしてるの。子どもの欲しいものを聞き出して、連絡する役目をしてるんだよね」

「！！！」

息子の目が大きく見開く。

「マジで!?」

「うん、だから、キミが欲しいもの、ママに話してくれないと、サンタさんに伝わらないのよ」

　この言葉を話している途中から、彼は周りをきょろきょろと見渡して私の顔を心配そうにのぞきこんだ。そして、声をひそめて言う。

「ママ、そんな大事なこと、僕に話しちゃって大丈夫なの？」

「ん？」

「組織に消されたりしない？」

　か、かわいいいいいいいいい。

　だめだ、頬がゆるむ。

「うん、でも、内緒だよ」

　私は彼に合わせて、なるべく低く聞こえる声で伝える。

「クラスでは、サンタはママじゃないかって噂になっていたんだけど、そうか。そういうことなのか……」

　神妙に頷いた彼は、はっと思いついたように顔をあげ

「それ、○○にだけ話しても大丈夫？」

と聞いてくる。彼の親友だ。

「どうだろう。いろんな家庭の方針があって、子どもに話さないと決めている家もあるんだよね。夢を壊しちゃうと申し訳ないから、ママは話さないほうがいいと思うな」

「そっか、わかった」

彼は二回頷いた。

その話を先輩ママに話したら、

「うちも、小学校五年生のころは、そうだったなー」

とおっしゃる。

彼女の息子さんが五年生のときのクリスマスイブは、一緒に槇原敬之さんのコンサートに出かけたそうだ。途中までノリノリだった息子さんが、アンコールが重なり22時に近づいたころ、どんどん不安げな表情になっていったのだそう。そして、

「こんなに夜遅くまで起きている僕のところに、ちゃんとサンタさんは来てくれるだろうか？」

と心配していたそうだ。

か、かわいいいいいいいいい。

かわいいよねえええええ。

私たちはひとしきり盛り上がる。きゅんきゅんしながら、家に戻った。

十二月十八日。

私の部屋のベッドサイドにA4用紙が置かれている。

「サンタさんへ。スイッチを帰してください」

と書かれていた。今年の夏、とある事情で(お察しください)私が刀狩りしたスイッチのことだ。もうかれこれ半年、彼はスイッチをしていない。

「これを読んでブチ切れているであろうママ、一生のお願いです(五回目。来世分前借り)」

と書かれているので、盛大に吹いた。

ダメだ、かわいすぎる。もう、ぎゅっと抱きしめて頭くしゃくしゃしたい。

さて、刀狩り以降、私の机の引き出しに保管されているスイッチをどうしたものだろう。そして、今年の二十五日の朝が、カミングアウトのタイミングだろうか。

スイッチの処遇と、いずれにしても何を伝えるべきか、迷っている本日は十二月二十三日の朝です。

でも、スイッチ「帰す」じゃなくて、「返す」だからな。

Welcome to the world

友達が妊娠したと聞くと、すごく嬉しい。友達が出産したと聞くと、さらに嬉しい。一日中にこにこ過ごしてしまうくらい、嬉しい。

パパやママに訪れる、新しい時間のことを想像する。赤ちゃんは、きっといろんなことをしでかすだろう。そりゃ大変なこともあるだろうけれど、おおむね、面白かったり幸せだったりする時間が増えるだろうなと思う。

生まれてきた、その子どものことも考える。きっといろんな経験をするだろう。もちろん大変なことも辛いこともあるだろうけれど、おおむね、この世は面白かったり幸せだったりする時間に満ちている。

出産祝いを送るときには、「Welcome to the world」とメッセージカードを添える。この世の中に、ようこそ。私、キミよりちょっとだけ先輩だから知ってるんだけど、まじ、地球、いいところだよ。一緒に楽しみ尽くそうぜ。

新入りの赤ちゃんに対して、そんな気持ちをこめて。

ところで、これは建前でもなんでもなく、なぜか私は、「世の中はどんどん良い方向に進んでいる」ことを、かなり強く信じている。

世界じゅうのみんなが一生懸命コロナ対策を考えているのだから、きっと良い方向で収束するだろうと思っているし、インターネットやSNSやAIは、人間がもっと善く生きたいと開発されてきたのだから、人間を分断しないと思っている。

毎日いろんな人の親切に接しているから、人は、基本的に優しい動物だと思っているし、私もできるだけそうでありたいと思っている。

でも、どうしてだろう。どうして私はこんなに、楽観的で、性善説的で、人も社会も信頼しているのだろう。

その答えみたいなものが書かれている本に、最近出会った。『Humankind　希望の歴史』という本だ。

この本は、三十三歳のオランダ人著者の書籍だ。昨年、世界四十六か国で翻訳され、たちまちベストセラーになった。

内容をひとことで説明すると、「人間は、基本的に優しい成分に満ちた動物である」ということを、いろんな研究をもとに証明しようとした本である。

戦争や、いさかい、分断の元になった事象を研究しなおしたり、過去の心理学の研究や凶悪事件の分析をしなおしたりして、「うーん、でもやっぱり、人間ってもともと争うようにできていないよね」ということを、これでもか、これでもか、と証明しようとしている。

これを読んで私、「ああ、やっぱり！」と思った。

これまで「世の中はせちがらいことになっている」とか「渡る世間は鬼ばかり」とか、聞かされてきたけれど、やっぱり、そんなことなかったんだなーって。だって、「鬼ばかり」っていうほど、鬼に出会ったことなかったもん。

この本によると、ニュースを熱心に見る人ほど、性悪説的になりやすいというデータがあるらしい。世の中が平和であるほど、「レアで凶悪な事件」がくり返し報道される。それを毎日受け取っていると、世の中は「せちがらく」感じるし、「渡る世間は鬼ばかり」に見えるのだという。

でも、ひとたびニュースから離れて、現実世界のコミュニティに目を向けると、（この本に書かれているように）私がこれまで出会った人たちは、だいたい優しくて親切な人が多かった。理由もなく傷つけられることはレアケースだった。だから、世の中はほとんど優しい人の優しい心で構成されていると思いながら育った。

ああ、なるほど。だから私、地球で生きることに楽観的で、人類に対して性善説的なんだなーと思った。そしてこの「地球とか、人類に対する、ほのぼのとした信頼感」の延長線上で、人類のうちの一人である自分のこともあっさり信用しているのかもしれないと思った。


本を読み終わったあと、ふと気になって、息子に聞いてみた。おばあちゃんの家でニュースを見ることを覚えた彼は、お夕飯どきに「テレビつけてもいい？」と言うようになっていた。

「ねえねえ、息子氏は、世の中にはいい人が多いと思う？　悪い人が多いと思う？」

突然の質問に、彼は
「何、言うてるの、この人」

という顔をした。

「たとえば、捕まりさえしなければ、人を騙したり、人のお金を泥棒したりする人のほうが多いと思う？」

と聞き直したら、

「ああ、そういうことか。それは、悪い人が多いに決まってる」

と答えたから、びっくりした。

「え、マジで？」

と言ったら、

「うん。100倍くらい多いんじゃない？」

と、言う。そうか、彼は、世の中は悪い人ばかりだと思っているのか。ちょっとびっくりした。こんなに近くにいるのに、親子なのに、価値観ってずいぶん違うんだなあと、新しい発見をしたような気持ちになった。

そして、びっくりしたなあと思ったその瞬間、絶妙なタイミングで、テレビから「ストップ詐欺！　私はだまされない」という音声が聞こえてきた。啓発番組のタイトルのようだ。なるほど、こういうことかと思った。

「でも、ママの周りはいい人が多いよ」

と言おうと思ったけれど、いったん、やめた。いまは私の価値観を押しつけなくてもいいやと思ったからだ。

私は、私がこの世の中にあふれていると感じる「優しい気持ち」を、普通に自然にこれからも表現していけばいい。そして、彼に対してはいつも「Welcome to the world」と思って、両手を広げておけばいい。

この世の中は、おおむね面白いぜ。のんびり、楽しくいこうよ。そんな感じ？

ある日出張から帰ったら、突然「オレ、いま反抗期だから、親の言うことには反発するんだよね」と言われた。「え、反抗期？　早いね？」と返すと「え？　早い？　普通はいつごろ？」と聞かれたので、「中学生になってからだと思ってた」と答えたら、「ふーん」と言ったあと、思い出したように、ぷいっと顔を背けて私の部屋を出ていった。

でも、「久しぶりの東京だから、あの店のラーメンが食べたい」と声をかけると「一緒に行く」とついてきて、私がいない間に学校であったことや最近考えたことを話してくれる。かわいい。これ、どういうプレイよ。

妙に距離が近い日もあれば「マジでウザい」と言う日もある。彼自身も彼の意志ではどうしようもない感情の動きがあるのだろう。そうやって大人になろうとしている彼のことも、愛おしいと思う。

クリスマスの日、私はサンタの存在について話をした。「まあ、そうだと思っていたよ」とにやり。家庭教師の先生とは、とても仲良くやっている。「ゲームの話が面白い」そうだ。そして、「ママの好きにすれば」と言っていたこの原稿を、ついにすべて読んでくれた。三年生の分を読み終わったとき、「いまのところ、とても面白いと思う」と、感想をくれた。そして最後まで読み終わったとき、冷静に「これは事実と違う」と二ヶ所だけ指摘された。「あとは、ママが好きにしたほうがいいと思う」と言う。五年生が終わろうとしている。キミはもうずいぶんオトナだ。

五年生を振り返って

本書は、小学館のwebメディア「kufura（クフラ）」の連載に、
加筆・修正したものです。

おわりに

「ていねいな生活」というものが、すこぶる苦手だ。

シーツを毎日変えたり、お花を飾ったり、玄関のたたきを拭き清めたりすることができない。それどころか、息子氏が学校からもらってきたプリントに返事をするのでさえ息絶え絶えだ。

「ママ、スケート授業の代金、絶対払い忘れないでよ」と何度も言われて、でも忘れて学校から連絡がくる。


仕事が楽しすぎて、慌ただしすぎて、「日常生活」を見つめる時の解像度が視力〇・一くらいしかない。ぼんやりかすんでしか見えない。そして、ブルドーザーのように、毎日をガガガとなぎ倒してなんとか生きている。

「今度こそ、気をつけてよ」と息子に叱られては、あやまっている。ごめんなさい、ごめんなさい。来世では頑張ります。


そんなダメダメぽんちの私が、唯一「ていねいな生活」ができていると感じるのが、文章を書いているときだ。あわてんぼうで粗忽者の私が、文章を書くときだけは、とても注意深くなる。心のひだとひだの間に指を差し入れて、その指先に感じる手触りをなんとか表現しようと息を止めて神経を集中させる。
トイレの神様や玄関の神様には不義理をしていると思うけれど、文章の神様だけには、嫌われたくない。思ってもいないことを書いて嫌われたくないし、面白おかしく話を盛ったのがバレて嫌われたくもない。

息子氏が三年生になったとき、この「ママはキミと一緒にオトナになる」の連載が始まった。私とはまるで違った考え方をする彼のことを書くのは楽しかった。最初のうちは、彼のことならいくらでも書けると思っていた。隔週の連載をちょっと物足りなくさえ思っていた。
でも、連載が始まってすぐに気づいた。子育てはイベントではない。特筆すべきことが毎日起こるわけではない。わざわざ書き残すような事件は、頻繁には起こらないのだ。

さて、困った。二週間に一度やってくる〆切をいかんとしよう。

文章の神様のことは裏切れないから、作り話を書くわけにはいかない。いや、何より、大切な息子のことを書き残すのに、フェイクはいかん。学校へのプリントの提出が遅れるのはよいとしても（よくない）、それはいかん。

考えた私は、彼自身と彼から影響を受けた瞬間の自分を注意深く観察するようになった。

この連載では「わざわざ書くほどでもないこと」をたくさん書いたような気がする。

彼の言葉を聞いて思わず笑っちゃったこと、幸せな気持ちになったこと、考えさせられたこと、まだ結論が出ないこと……。「〆切がなければきっと書かなかっただろう」と思うような、本当にささやかな日々の会話ばかりだ。きっとどこの家庭でも似たようなことがあるだろうと感じる、いたってよくある普通の出来事ばかりだ。

だけど、いま三年分の記録を読み返して気づいたのだけれど、ともすればすぐに忘れてしまう、そんな日常の方に、彼との生活で感じた幸せがたくさんつまっていてびっくりした。
毎日、毎日が、とても普通でとても大切な日だった。書けてよかったなと思う。そして、キミに出会えて本当に良かったと、今日も思う。

原稿を送るといつも秒速で感想を送ってくださる佐藤明美編集長、近い歳の子どもを持つ親の目線でご提案をくださる加藤友佳子副編集長。いつも息子のことを一番に考えてくださるお二人のおかげで、安心して書くことができました。書き始める勇気と書き終える元気をくれたさとなおラボのブックトライブのみんなにも心からお礼を伝えたいです。また、連載当初から素敵なイラストで力をくださった中田いくみさん、素敵なデザインにまとめてくださったデザイナーの新井大輔さん、ありがとうございました。
そして、いつも私に幸せな時間と混乱や内省の機会をくれる息子氏と、彼を授けてくれた彼の父親にも。本当に、ありがとう。

二〇二三年二月　佐藤友美

佐藤友美（さとゆみ）

ライター・コラムニスト。1976年北海道知床半島生まれ。テレビ制作会社のADを経て、ファッション雑誌でヘア専門ライターとして活動したのち、書籍ライターに転向。現在は、様々な媒体にエッセイやコラムを執筆する。著書に8万部を突破した『女の運命は髪で変わる』（サンマーク出版）『書く仕事がしたい』（CCCメディアハウス）など。理想の男性は冴羽獠。理想の母親はムーミンのママ。小学5年生の息子と暮らすシングルマザー。

ママはキミと一緒にオトナになる

２０２３年３月27日　初版第一刷発行
２０２３年８月12日　　第二刷発行

佐藤友美　著

装丁　新井大輔
校正　齋木恵津子
編集　佐藤明美（小学館）
発行人　村上孝雄
発行所　株式会社　小学館
〒１０１‐８００１ 東京都千代田区一ツ橋２‐３‐１
電話　０３‐３２３０‐５３９９（編集）
電話　０３‐５２８１‐３５５５（販売）
印刷所　凸版印刷株式会社
製本所　牧製本印刷株式会社

制作　朝尾直丸　宮川紀穂
販売　窪康男
宣伝　野中千織

ISBN 978-4-09-389112-7
JASRAC出 2300745-302